Das zweite Verbotsverfahren gegen die NPD

Recht und Politik

Zeitschrift für deutsche und europäische Rechtspolitik

Begründet von Dr. jur. h. c. Rudolf Wassermann (1925–2008)

Redaktion:

Hendrik Wassermann (verantwortlich)
Ernst R. Zivier
Heiko Holste
Robert Chr. van Ooyen

Beiheft 1

Das zweite Verbotsverfahren gegen die NPD

Analyse, Prozessreportage, Urteilskritik

Von

Horst Meier, Claus Leggewie
und Johannes Lichdi

Duncker & Humblot · Berlin

Bibliografische Information der Deutschen Nationalbibliothek

Die Deutsche Nationalbibliothek verzeichnet diese Publikation in der Deutschen Nationalbibliografie; detaillierte bibliografische Daten sind im Internet über http://dnb.d-nb.de abrufbar.

Fremddatenübernahme: Konrad Triltsch GmbH, Ochsenfurt
Druck: CPI buch.bücher.de gmbh, Birkach
Printed in Germany

ISSN 2567-0603
ISBN 978-3-428-15303-9 (Print)
ISBN 978-3-428-55303-7 (E-Book)
ISBN 978-3-428-85303-8 (Print & E-Book)

Gedruckt auf alterungsbeständigem (säurefreiem) Papier
entsprechend ISO 9706 ♾

Internet: http://www.duncker-humblot.de

Vorwort

Die Texte dieses Beihefts erschienen zuerst in *Recht & Politik* und werden hier unverändert nachgedruckt. Sie verdanken ihre Entstehung dem Engagement von Hendrik Wassermann, der als Redakteur den Raum bot, die Sache der Parteienfreiheit systematisch in den Blick zu nehmen: Analyse, Prozessreportage und Urteilskritik.

Die Verbotsbetreiber, die auszogen, der NPD das Handwerk zu legen, sind zweimal gescheitert: Im ersten Verfahren an der hochgradigen Infiltration der Partei mit Spitzeln des Verfassungsschutzes (mangelnde „Staatsfreiheit" als Verfahrenshindernis); beim zweiten Anlauf an der politischen Impotenz jener Miniaturpartei, die sie auf Biegen und Brechen verbieten lassen wollten (mangelnde „Potentialität"). Doch damit nicht genug. Sie haben sich – verleitet durch missglückte Randbemerkungen des Verfassungsgerichts – dazu hinreißen lassen, die Parteiengleichheit des Grundgesetzes zu verwässern.* Und das nur, um einer „unerträglichen" Alimentierung, die so bescheiden ist wie der Einfluss dieser Partei, ein Ende zu bereiten. Selten erschien das Argument des Steuerzahlers so kleinkariert wie für diese Selbstverstümmelung. Der Schlaf der rechtspolitischen Vernunft gebiert Ungeheuer.

Es gibt viele Arten, Parteien zu verbieten, die meisten davon bleiben nach dem NPD-Urteil vom 17. Januar 2017 erlaubt. Fast alle Hintertüren der Prävention stehen weit offen: Weil der Zweite Senat die Maßstäbe der 1950er Jahre – bis auf eine Ausnahme – nur zeitgemäß aufbereitete, statt eine aufgeklärt-liberale Neuinterpretation zu wagen. So zieht sich des Gedankens Blässe wie ein grauer Faden durch dieses Urteil. Dass damit die Rücknahme der Parteienfreiheit, keineswegs aber deren Potenzial ausgeschöpft ist, bleibt eine Herausforderung.

Wir laden mit dieser Fallstudie dazu ein, die demokratische Frage noch einmal neu und unbefangen zu stellen: *Wie weit darf Opposition gehen? Und was berechtigt den Staat, den Wettbewerb der Parteien zu zügeln?* Ohne eine energische (Selbst-)Kritik der „streitbaren" Demokratie, denken wir, ist da kein Fortkommen. Denn was die alte Doktrin, längst vom Zweifel angekränkelt, als Fortschritt ausgibt, erweist sich zusehends als Schwundstufe des demokratischen Bewusstseins. Solange aber hierzulande eine diffuse Angst vor der Selbstpreisgabe der Demokratie das Denken lähmt, hat der Funke der Freiheit noch nicht gezündet.

* Zur Kritik *Britta Haßelmann/Renate Künast*, Eine Lex NPD schadet der Demokratie, Frankfurter Allgemeine Zeitung (FAZ) vom 22.6. 2017; *Johannes Lichdi*, Zur Abschaffung der Chancengleichheit der Parteien, Recht und Politik 4/2017 (i.E.).

Trotz alledem und alledem… bleiben wir einigermaßen hoffnungsfroh. Nur Mut! Dieses Deutschland kann inzwischen mehr, als es sich gemeinhin zutraut – sogar in Sachen Dissens und Opposition.

H.M./ C.L./ J.L., 14. Juli 2017

Washington, D.C. 2014 (Foto: Till von Elling, Hamburg)

Inhalt

Vom Verbotsantrag bis zum Eröffnungsbeschluss*

Ein „Parteiverbot [trägt] das Risiko in sich, die Freiheit der politischen Auseinandersetzung zu verkürzen. Insbesondere ist der Gefahr zu begegnen, dass dieses Instrument im Kampf gegen den politischen Gegner missbraucht wird. Auf zwei Wegen lässt sich dieser Gefahr entgegenwirken: Zum einen durch eine restriktive Auslegung der Voraussetzungen des Verbots; zum anderen durch ein strenges justizförmiges Verfahren." (Jutta Limbach, 2001)[1]

I. Ein halbes Jahrhundert Verbotsdebatte

Die Diskussion um das Verbot der NPD ist so alt wie die 1964 gegründete Partei.[2] Charakteristisch sind der moralisierende Grundton und der permanente Fehlalarm. Während die gefühlte Gefährlichkeit schwankt, bleibt die NPD allemal „unerträglich". Die Lage ist, um mit Karl Kraus zu sprechen, stets hoffnungslos, aber nie ernst. Natürlich geht es bei all dem auch um die Reife und das Selbstbewusstsein der Mehrheitsparteien.[3] Wie viel Dissens, wie viel Opposition können sie vertragen, ja als provozierenden Gebrauch der Freiheit respektieren? Im Folgenden beleuchten wir einige zentrale Problemfelder des NPD-Verfahrens. Und laden dazu ein, die Frage so zu stellen: Was ist schädlicher für die deutsche Demokratie – die Existenz oder das Verbot der NPD?[4]

Vielen kommt dieser Prozess wie gerufen in einer Zeit der „Flüchtlingskrise", da die Hetze sich verschärft und der „Druck von rechts" steigt?[5] Der Ausgangspunkt war ein ebenso konjunktureller: Im November 2011, kurz nachdem die Terrorzelle „NSU" sich selbst enttarnt hatte, erklärte der Bundestag einstimmig von Linkspartei bis CSU:

* Zuerst in: RuP 2016, 1 ff.
Wir verzichten weitgehend auf Nachweise; sie finden sich in unseren Beiträgen für den Band „Verbot der NPD – ein deutsches Staatstheater in zwei Akten" (BWV 2015).

1 Das Bundesverfassungsgericht, München 2001, S. 62.

2 *Eckhard Jesse*, Verbieten oder Nichtverbieten? In: Staatstheater, S. 259.

3 Mit Rechts leben. Horst Meier im Gespräch mit Bernhard Schlink. In: Recht und Politik 4/2014.

4 *Claus Leggewie/Horst Meier*, Vom Betriebsrisiko der Demokratie. Versuch, die deutsche Extremismusdebatte vom Kopf auf die Füße zu stellen. In: Eckhard Jesse (Hrsg.) Wie gefährlich ist Extremismus?, Sonderband der Zeitschrift für Politikwissenschaft, Baden-Baden 2015, S. 163–196.

5 Vgl. *C. Leggewie*, Druck von rechts (1993).

> Rechtsextreme, Rassisten und verfassungsfeindliche Parteien haben in unserem demokratischen Deutschland keinen Platz. Deshalb fordert der Deutsche Bundestag die Bundesregierung auf, zu prüfen, ob sich aus den Ermittlungsergebnissen Konsequenzen für ein NPD-Verbot ergeben.[6]

Die Ermittlungen ergaben aber keine direkten Verbindungen zwischen NPD-Politik und NSU-Morden. Es blieb dem Bundesrat überlassen, den „zweiten Anlauf" zu wagen.[7]

Der Antrag vom 1. Dezember 2013 bringt es auf 264 Seiten.[8] Seine Begründung ist verschachtelt und bietet nichts substantiell Neues. Verglichen mit den *drei Verbotsanträgen des Jahres 2001* tischt der heutige Antrag wiederum eine Sammlung anstößiger Zitate auf.[9] Ein Blick in die Liste der dem Antrag beigegebenen 303 „Belege" genügt: hier ein Flugblatt, da ein Internetbeitrag, dort eine Rede auf dem Parteitag.

II. Wirklich „hohe Hürden": von der Notwendigkeit einer restriktiven Interpretation

Da auch viele im „Kampf gegen rechts" einem schlechten Unternehmen guten Erfolg wünschen, empfehlen wir die Gegenprobe: Was wäre, wenn eine linke Partei in Karlsruhe um ihre Existenz kämpfen müsste? Würde ich die Argumente und Maßstäbe, die ich heute gegen die NPD gelten lasse, morgen auch gegen eine linke, antifaschistische Partei akzeptieren? Die beiden Verbotsurteile der fünfziger Jahre trafen kleine Parteien, die objektiv ungefährlich waren. Seither geht es in der deutschen Extremistendebatte mehr um symbolisch-rituelle Ausgrenzung denn um wirkliche Gefahren. Das ist kein Zufall, denn das Parteiverbot des Grundgesetzes, gern als Errungenschaft der „streitbaren" Demokratie gelobt, ist eine Fehlkonstruktion.

> „...schon die geringe Zahl einschlägiger Fälle (...) sowie das weitgehende Fehlen vergleichbarer Verfassungsnormen in anderen freiheitlichen Demokratien spricht eine deutliche Sprache, was die Effektivität wie vor allem vielleicht die verfassungspolitische Klugheit entsprechender Maßnahmen angeht."[10]

Ein Verbot ist keine Frage der Verfassungspädagogik, es muss zur Verteidigung der Demokratie objektiv notwendig sein. Bei der heutigen, bundesweit einflusslosen NPD lässt sich nüchtern feststellen: Sie ist konstitutionell unfähig, die „freiheitliche demokratische Grundordnung" dieses Staates zu beeinträchtigen. Wer das für Verharmlosung

---

6 Entschließungsantrag nachgedruckt in: *C. Leggewie/H. Meier*, Nach dem Verfassungsschutz (2012), S. 182 f.; *Johannes Lichdi*, Sächsische Szenen. In: Staatstheater, S. 206 ff.

7 Zum Eröffnungsbeschluss vgl. *J. Lichdi/H. Meier*, Unvermeidlich, aber nutzlos. In: taz vom 10.12.2015.

8 Pdf-Download unter www.bundesrat.de.

9 Zu den drei alten Anträgen *H. Meier*, „Ob eine konkrete Gefahr besteht, ist belanglos". In: Leviathan 4/2001, S. 439–468; gekürzt in: *C. Leggewie/H. Meier* (Hrsg.), Verbot der NPD? Frankfurt: Suhrkamp 2002.

10 *Horst Dreier*, Der freiheitliche Verfassungsstaat als riskante Ordnung. In: Rechtswissenschaft 2010, S. 11 ff., 28.

hält, lese den Bericht des Verfassungsschutzes von 2014: „Anhaltende Krise" der NPD. Das ist eine komfortable Ausgangslage, um über einige Strukturprobleme nachzudenken.

1. Grundsatzfragen

Wie weit darf Opposition gehen? Steht legale Politik unter dem Vorbehalt der Verfassungstreue? Was macht Parteipolitik zu einer Gefahr für die demokratische „Grundordnung"? Genügen anstößige Ziele? Oder müssen Rechtsbruch und politisch motivierte Gewalt hinzukommen oder wenigstens nennenswerte Wahlergebnisse erzielt werden? Oder kommt es auf all das nicht an, weil, so das Mantra des Verbotsantrags, gar keine Gefahr vorliegen muss?

Je nachdem, wie die Richter darauf antworten, setzen sie die „Hürden" hoch oder niedrig an. Bleiben sie, wie ihre Vorgänger in den fünfziger Jahren, auf Gefahrenvorsorge fixiert, erübrigt sich jede Diskussion um das wirkliche Potenzial der NPD: der reinen Präventionslehre genügt die *Gefahr einer Gefahr*. Was wäre dann mit einem Karlsruher Manifest gegen rechts gewonnen? Es könnte das fortwesende Potenzial der „hässlichen" Deutschen nicht entsorgen. Man denke nur an Phänomene wie AfD und Pegida.[11] Je mehr ein Verbot sich auf bloße Ziele stützt, desto sinnloser ist es: Ideen lassen sich nicht verbieten. Heutigen Innenministern scheint das Gesetz „gegen die gemeingefährlichen Bestrebungen der Sozialdemokratie" (1878–1890) nicht mehr geläufig.

In der Weimarer Republik konnte eine Partei, deren „Zweck den Strafgesetzen zuwiderläuft", aufgelöst werden (§ 2 Abs. 1 des Vereinsgesetzes von 1908). Art. 21 II GG bietet die Möglichkeit, Parteien bereits wegen ihrer politischen „Ziele" zu verbieten. Die Verbotsurteile gegen SRP und KPD waren einseitig auf verfassungswidrige Propaganda, d. h. den *Inhalt* von Politik, bezogen. Damit ist heute nichts anzufangen.

2. Restriktive Interpretation[12]

Die wichtigste Aufgabe einer restriktiven Interpretation besteht darin, die zweite, bislang ausgeblendete Verbotsalternative einzubeziehen: das illegale, gewalttätige *„Verhalten"* der Parteianhänger, d. h. die *Form* von Politik. Nur so gelangt man von einem gesinnungs- zu einem verhaltensbezogenen Eingriff. Die Unterscheidung zwischen Zielen und Mitteln[13] ist notwendig, um bloß abstrakte von sich konkretisierenden Gefahren abzugrenzen. So kann auch das ungeschriebene Tatbestandsmerkmal der *„aktiv kämpferischen, aggressiven Haltung"*, das im KPD-Urteil praktisch folgenlos blieb, die ihm zugedachte begrenzende Funktion gewinnen.

11 *Geiges/Marg/Walter*, Pegida. Bonn: bpb 2015.

12 *H. Meier*, Die „verfassungswidrige" Partei als Ernstfall der Demokratie. Kritik des abermaligen Verbotsantrags sowie Skizze für eine restriktive Interpretation. In: Staatstheater, S. 129 ff., 152–180.

13 *Volker Neumann*, Ziele oder Mittel? In: Staatstheater, S. 231 ff.

Parteien, die „darauf ausgehen“, die fdGO zu beeinträchtigen, unternehmen eine *versuchte Verfassungsstörung.*[14] Eine restriktive Interpretation muss diese Störung an eine *objektiv bestimmbare Gefahrenlage* binden. Der vom US Supreme Court für *Freedom of Speech* entwickelte, zunehmend anspruchsvolle *„Clear and present danger“-Test* bietet dafür reiches Anschauungsmaterial.[15] In einem Sondervotum des 1970 bis 1987 am Gericht tätigen Helmut Simon blitzte der Gedanke für das deutsche Verfassungsrecht schon einmal auf.[16]

Das bedeutet: Eine Partei, der man allein ihre verfassungswidrigen „Ziele“ vorwirft, agiert im Schutzbereich der Meinungsfreiheit und kommt für ein Verbot nicht in Betracht. Wird ihren Anhängern kriminelles „Verhalten“ angelastet, so muss die Summe zurechenbarer Straftaten ein Minimum an Gewicht und Evidenz erreichen. *Eine spezifische Gefahrenlage, real und imminent, ist die zentrale Achse jedes rechtsstaatlichen Parteiverbots.* Selbst diejenigen Richter, die 2003 das erste NPD-Verfahren fortsetzen wollten, sprechen von einer „nennenswerte(n) parteispezifische(n) Gefährlichkeit“.[17] Der ehemalige Verfassungsrichter Dieter Grimm (1987 – 1999) resümierte klipp und klar: „Alles, was im Meinungsmäßigen bleibt, reicht nicht aus.“[18]

3. Europäische Standards und Verhältnismäßigkeit

Der Senat will, so seine „Verhandlungsgliederung“, die Europäische Menschenrechtskonvention berücksichtigen. Wir zitieren erneut Dieter Grimm: „Das Straßburger Gericht fragt nicht nur nach der Absicht, die verfassungsmäßige Ordnung zu beseitigen, sondern auch nach der Erfolgswahrscheinlichkeit. Wo soll die bei der NPD herkommen?“[19] Und schließlich ist da noch die vielleicht fallentscheidende Frage der Verhältnismäßigkeit, die im Verbotsantrag beflissen kleingeredet wird. Die Splitterpartei NPD zählt gerade einmal 5200 Mitglieder; von den Massenaufmärschen einer Pegida und den Wahlerfolgen einer AfD ist sie meilenweit entfernt.

---

14 *H. Meier*, Parteiverbote. Nomos 1993, S. 271 ff.; das aufgreifend *Martin Morlok*, Art. 21 Rdnr. 148 f., in: H. Dreier, GG-Kom., Bd. 2, 2. Aufl., 2006.

15 *H. Meier*, „Streitbare“ oder liberale Demokratie? In: Recht und Politik 4/2015.

16 Aus dem Gebot der „Situationsbezogenheit“ „ist im angelsächsischen Bereich der Grundsatz hergeleitet worden, daß repressive Staatsschutzmaßnahmen nur zur Abwehr klarer und gegenwärtiger Gefahren in Betracht kommen können“ (BVerfGE 63, 266, 298 ff., 310).

17 bverfg.de, Einstellung 2003, Abs.-Nr. 117 ff., 154; BVerfGE 5, 85, 136 („Staatsgefährlichkeit“).

18 Die Hürden sind hoch. In: Staatstheater, S. 367 ff.

19 Grimm in einem Brief an Bundestagspräsident Lammert, zit. nach Staatstheater, S. 146; vgl. *Şeyda Emek/H. Meier*, Über die Zukunft des Parteiverbots. In: Recht und Politik 2/2013; *M. Morlok*, Fragen des Rechts und der politischen Klugheit. In: ZRP 2013, S. 69, 70 f.

4. „Wesenverwandtschaft“: die NPD als Nachfolgeorganisation der NSDAP?

Die Verbotsbetreiber bieten ein Gutachten des Instituts für Zeitgeschichte auf, das Teilen der NPD-Programmatik eine gewisse Nähe zur Ideologie des Nationalsozialismus bescheinigt.[20] Das ist im Prinzip zutreffend; aber solche Anleihen genügen nicht. Die These von der „Wesensverwandtschaft“, bereits in einem Verbotsantrag des Jahres 2001 bemüht, wird auf die reine Zielebene verkürzt. Und scheint auf den politischen Mehrwert eines Tabus zu spekulieren: Wenn man einer Partei kaum mehr als anstößige Parolen ankreiden kann, dann wenigstens solche des ultimativ verfassungswidrigen Nationalsozialismus.

Das ist Prozesspsychologie, doch keine tragfähige Analogie zur SRP.[21] Diese wurde, weil nach einem NSDAP-Raster „wesensverwandt“, als Nachfolgeorganisation der NSDAP verboten. Das war, elf Jahre nach dem alliierten Verbot der NSDAP, für ein Sammelbecken alter Nazis einigermaßen plausibel. Es für die heutige NPD zu reklamieren, grenzt an Verharmlosung der NSDAP, zu deren Politik nicht allein ein völkisches und antisemitisches Programm, sondern auch der Straßenkampf bewaffneter Totschläger zählte – von Völkermord und Angriffskrieg ganz zu schweigen.

III. Rechtsradikalismus zwischen Partei und Bewegung: Eine Grauzone, aber kein überzeugender Verbotsgrund

Im Antrag werden einmal mehr „Angsträume“ und „national befreite Zonen“ als diffuse Verbotsgründe geltend gemacht. Man beruft sich auf ein Gutachten des Politologen Dierk Borstel:

> Für bestimmte Gebiete in Mecklenburg-Vorpommern kann durch die Raumordnungsstrategie und das Konzept national befreiter Zonen eine Akzeptanzsteigerung für die NPD vor Ort nachgewiesen werden.[22]

Solche Vorwürfe erschöpfen sich darin, dass die NPD hier und da bescheidene Erfolge erzielt. Eine lästige „Akzeptanzsteigerung“ macht aber noch keinen Verbotsgrund.[23] Das gilt auch für „national befreite Zonen“, die es nur als „Konzept“ gibt. Hier sitzt der Antrag, wie schon seine Vorgänger des Jahres 2001, einem „nationaldemokratischen“ Popanz auf, der keiner Empirie standhält.[24]

---

20 Verbotsantrag des Bundesrats, Anlage 2 (unveröff.).

21 *H. Meier*, In der Nachfolge der NSDAP? In: Staatstheater, S. 67 ff.

22 Verbotsantrag, S. 75 (Berufung auf Borstel-Gutachten, Anlage 3 [unveröff.], S. 31).

23 Verbotsantrag, S. 225 (Schluss von der Behinderung „eine(r) unbefangene(n) demokratische(n) Willensbildung“ vor Ort auf die Verletzung des demokratischen Prinzips – Kontext: infiltrierende „Graswurzelpolitik“ und „befreite“ bzw. „kontrollierte Zonen“) und S. 116 ff., 118: „territorial lückenloser Schutz“, „letztlich eine Störung der Beteiligungsrechte *aller* Bürger“.

24 *Uta Döring:* „National befreite Zonen“. Zur Entstehung und Karriere eines Kampfbegriffs. In: A. Klärner/M. Kohlstruck (Hrsg.), Moderner Rechtsextremismus. Hamburger Edition 2006.

Die Verhältnisse, die Borstel aus genauer Orts- und Szenekenntnis in seinen Arbeiten und in dem Gutachten zutreffend beschreibt, sind beklagenswert. Aber zum einen sind diese Zustände nicht allein, ja nicht einmal hauptursächlich der NPD als Erfolg zuzurechnen; zum anderen konstituieren sie als punktuelle Erscheinungen keine konkrete Gefahr für die Demokratie: weder in Mecklenburg-Vorpommern noch gar für die Bundesrepublik Deutschland insgesamt.[25]

Der kurze Schluss von einer „Störung des demokratischen Lebens" in wenigen Dörfern und Kleinstädten auf eine Verletzung der demokratischen Legitimation in ganz Deutschland führt ins Irreale und spricht der NPD eine Macht zu, die sie bei Weitem nicht hat. Im Übrigen ist daran zu erinnern, dass Borstel 2006 gegen ein Verbot der NPD argumentierte:

> Gerade vor Ort bin ich immer wieder auf den z.T. verzweifelten Ausruf gestoßen, es müsse endlich das Verbot her... Nur bedeutet ein NPD Verbot eben nicht, dass der Rechtsextremismus verschwunden ist. (...) Rechtsextreme Störungen, Unterwanderungen, Wortergreifungsstrategien, Probleme mit entsprechenden Schülern, selbsternannten Fußballfans... wird es trotz Verbot weiterhin geben. Hier hilft nur, den Umgang mit diesen Personen festzulegen, die politische Auseinandersetzung zu lernen... Dieser Weg ist mühsam, aber als einziger erfolgreich. (...) An die Stelle des kalten Verbots muss die feurige politische Auseinandersetzung... treten.[26]

Von dieser Position ist Borstel, der als Gutachter zum Prozess geladen wurde, bis heute keinen Deut abgerückt.

IV. „Atmosphäre der Angst" und Verhalten Dritter als Verbotsgrund?

Je weniger Handfestes der „angeklagten" Partei vorzuwerfen ist, desto größer ist die Versuchung, ihr das *Verhalten Dritter* zuzurechnen. Daher kommt der Grauzone zwischen NPD und ihrem Bewegungsumfeld eine besondere Bedeutung zu. Die Verbotsbetreiber tragen vor, dass die NPD als „organisatorische Basis" einer „rechtsextremistischen Raumordnungsbewegung" (Borstel) eine „Atmosphäre der Angst" schaffe und das „demokratische Leben" beeinträchtige. Obwohl sie solche Bestrebungen nur für wenige Orte in Mecklenburg-Vorpommern darlegen – etwa den „Kleinstort" [!] Jamel (35 Einwohner), Lübtheen oder Anklam –, soll schon die „politische Zielsetzung", „territoriale Einheiten ... zu homogenisieren", „gegen den unabänderlichen Kern des Demokratieprinzips" verstoßen.[27]

Müssten die Innenminister da nicht eher die Präsenz der Polizei steigern und ihre Sicherheitsstrategie ändern? Man geht ein hohes Risiko ein, wenn bereits das Ziel einer Störung des „demokratischen Lebens" ein Verbot der NPD begründen soll. Falls das

---

25 *C. Leggewie:* Rechtsradikalismus zwischen Partei und Bewegung. In: Staatstheater, S. 199 ff., 203.

26 *D. Borstel*, Falsche Hoffnung NPD-Verbot (http://www.bpb.de/politik/ extremismus/rechtsextremismus/41477/contra-npd-verbot-borstel?p=all).

27 Verbotsantrag, S. 116 ff. Repräsentativ für den verbotsbegleitenden Journalismus *Atmosphäre der Angst.* In: Spiegel vom 9.1.2016 (zum unveröff. Schriftsatz vom 27.8.2015).

Gericht irgendeine reale Gefahr verlangen sollte, wird es sich – anders als die Antragsschrift – mit der „Freiheit der Wahl" des Art. 38 I 1 GG auseinandersetzen müssen. Diese hat es bisher entsprechend der Wahlanfechtung nach § 49 BWahlG und der Wählernötigung nach § 108 StGB ausgelegt. Beide verlangen eine ursächliche Auswirkung auf das Wahlergebnis. Außerdem darf eine „hinreichende Möglichkeit zur Abwehr – zum Beispiel mit Hilfe der Gerichte oder der Polizei" – nicht gegeben sein.[28] Es wäre ein glatter Wertungswiderspruch, eine Partei wegen Störungen zu verbieten, die nicht einmal zur Wiederholung einer Wahl führen.

Die Antragsschrift bemüht sich ergänzend, tatsächliche Handlungen der NPD gegen die „Freiheit der Wahl" nachzuweisen. Dabei verfehlt sie weithin die Substantiierungsanforderungen, die dem Gericht erst eine präventive Rechtskontrolle im Wege einer strengen Beweisführung ermöglichen.[29] So trägt schon der Vortrag nicht, der der NPD kriminelles Verhalten als organisationsspezifische Eigenart nachweisen will.[30] Von etwa 176 Vorstandsmitgliedern der letzten 20 Jahre wurden 12 rechtskräftig wegen Körperverletzungsdelikten verurteilt, zu Freiheitsstrafen ohne Bewährung nur drei Personen.[31] Das BVerfG hat inzwischen sogar mitgeteilt, die vorgelegte anonymisierte Statistik sei „nicht verwertbar". Auch sonst bleibt der Vortrag dürftig: So werden Aufrufe zur Gründung von „Bürgerwehren" aufgeführt, aber keine Straftaten benannt. Für den „NPD-Ordnungsdienst" werden lediglich für das Jahr 2013 zwei „gewalttätige Auseinandersetzungen mit Gegendemonstranten" belegt.[32]

1. Wer ist „Anhänger" der NPD?

Die Antragsteller bemühen sich deshalb, der NPD auch Straftaten der parteiungebundenen freien Kameradschaftsszene als Anhängerverhalten zuzurechnen. „Verhalten" der Anhänger im Sinne des Art. 21 II GG meint aber objektive Handlungen, die sich aufgrund ihrer Gleichgerichtetheit zu einem allgemeinen Verhalten verdichtet haben. Denn würde man „Verhalten" mit der bloßen Artikulation politischer Ziele gleichsetzen, wäre dies eine fruchtlose Tautologie.[33] Daher spricht die systematische Auslegung dafür, nur illegale Handlungen als „Verhalten" im Sinne des Parteiverbots zu werten.

Das Verfassungsgericht hat 1952 im SRP-Urteil den Begriff des „Anhängers" definiert *erstens* im Lichte der Parteiziele, die sich im Verhalten der Anhänger „spiegeln", *zweitens*

28 BVerfGE 66, 369 ff; BVerfGE 124, 1 ff.

29 bverfg.de, Einstellung 2003, Abs.-Nr. 91; *Umbach/Clemens/Dollinger*, BVerfGG, 2. Aufl. 2005, vor 43 ff., R.10.

30 Verbotsantrag, S. 89 f., 225 f. Dagegen zur Unbeachtlichkeit der Mitgliedschaft von Einzeltätern *M. Morlok*, Schutz der Verfassung durch Parteiverbot? In: C. Leggewie/H. Meier, Verbot der NPD?, S. 64, 75.

31 Anlage 5 (unveröff.) des Verbotsantrags, S. 3, 8.

32 Schriftsatz vom 27.8.2015, S. 37 ff.

33 *H. Meier*, Parteiverbote, S. 281 ff., 283.

aus der Sicht des Anhängers, der sich für die Partei „einsetzen" muss und drittens aus der Sicht der Partei, die dieses Verhalten in einer Weise „bestimmen" muss, dass sie „die Verantwortung dafür trägt".[34] Denn die Annahme einer „pauschalen Verantwortung der Partei für alle ihre Anhänger wäre abwegig und rechtsstaatswidrig".[35] Stimmen in der Literatur fordern eine „nachhaltige Beziehung", entscheiden soll der „Grad der Einflussnahme" der Partei – wobei man bereits die bloße Billigung der Taten Dritter genügen lässt.[36] Der Vortrag des Bundesrats ist hier widersprüchlich: Einerseits soll die Verantwortlichkeit der NPD als „Netzwerkbasis" rechtlich die Qualität einer Beihilfe im strafrechtlichen Sinne erreichen. Andererseits soll bereits eine zeitlich-örtliche Nähe sowie gemeinsame ideologische Überzeugungen genügen, um Taten Dritter als Anhängerverhalten zuzurechnen.[37]

Dagegen wird eine rechtsstaatliche, rationalen Kriterien verpflichtete Konkretisierung auf eine objektiv nachweisbare Steuerung des Verhaltens Dritter durch die Partei bestehen müssen – jenseits gemeinsamer ideologischer Überzeugungen. Schwerlich wird das Verfassungsgericht den „bedenklich weiten Anwendungsbereich" des § 111 StGB noch ausweiten, der immerhin über eine bloße Billigung hinaus eine appellartige „Aufforderung" zu Straftaten verlangt.[38] Der einzige Vorwurf der Antragsteller, der in die Nähe einer strafbaren Aufforderung reicht, betrifft Aufrufe der NPD, doch „mal bei örtlichen Bürgerbüros vorbeizuschauen". Zwar hätten sich darauf die Anschläge auf Wahlkreisbüros demokratischer Parteien gehäuft, der Bundesrat berichtet aber nicht von entsprechenden Ermittlungsverfahren.[39] Soll etwa ein Verbotsverfahren das Unvermögen kaschieren, das staatliche Gewaltmonopol durchzusetzen?

2. Das Beispiel Heidenau

Weitere Zurechnungsversuche verlieren sich im Nebel von Unterstellungen. Die Verbotsbetreiber behaupten etwa, die NPD sei für die dreitägigen Krawalle verantwortlich, zu denen es Ende August 2015 im sächsischen Heidenau kam. Tatsächlich begannen die Landfriedensbrüche erst drei Stunden nach dem Ende einer NPD-Demonstration. Sie wurden von Nazihools verübt, ohne dass eine Steuerung durch die NPD erkennbar wäre.[40]

---

34 BVerfGE 2, 1, 21.

35 Von *Mangoldt/Klein/Starck-Streinz*, GG, Bd.2, 6. A. 2010, Art.21, R. 236; ebenso *Hufen*, Neues Parteiverbotsverfahren gegen die NPD? In: ZRP 2012, S. 202, 204.

36 *M. Morlok*, Art. 21, R. 150. In: H. Dreier, GG, Bd. 2, 2. Aufl. 2006.

37 Verbotsantrag, S. 106 f.; Schriftsatz vom 27. 8. 2015, S. 12 f.

38 Münchener Kommentar-Bosch, StGB, 2. Auflage 2012, § 111 R. 4 und 6 ff.

39 Schriftsatz vom 27. 8. 2015, S. 47–50.

40 Dazu *Michael Nattke*, Die Krawalle in Heidenau, Freital und Dresden. In: Lichdi (Hrsg.), Darf die NPD wegen Taten parteiloser Nazis verboten werden? (2016), S. 53 ff. – als Download verfügbar: https://www.boell.de/de/2016/03/01/darf-dienpd-wegen-taten-parteiloser-neonazis-verboten-werden.

Der Bundesrat wird sich daher die Gegenfrage gefallen lassen müssen, wie plausibel seine unausgesprochene Annahme ist, dass die Hetze auf Flüchtlinge, die Übergriffe und Brandstiftungen enden würden, wäre die NPD nur endlich verboten. Nach Einschätzung des Bundeskriminalamts gibt es keine konkreten Hinweise für eine Lenkung der 2015 springflutartig gestiegenen Angriffe auf Flüchtlingsheime durch „rechtsextremistische" Parteien, auch nicht durch die NPD.[41] Nach dem im Verbotsverfahren konstruierten Wahrscheinlichkeitsmuster könnte man eher die Pegida-Bewegung für die gerade im Großraum Dresden besonders hohe Anzahl von Angriffen auf Flüchtlinge verantwortlich machen. Alles in allem lässt sich sagen: Ein Verbotsantrag, der von Anbeginn abwegig war, wird durch die Ereignisse des Jahres 2015 nicht plausibler.

V. Aussichten

Die Verbotsbetreiber können im großen Verfassungsprozess gegen die kleine NPD bestenfalls einen Pyrrhussieg erringen. Die heillosen Widersprüche werden im Prozess sichtbar werden. Wo verlaufen dessen Konfliktlinien? Mit welcher Verteidigungsstrategie ist zu rechnen? Lassen sich die Richter mit über und über geschwärzten Geheimdienstakten von der „Staatsfreiheit" der NPD überzeugen (das V-Leute-Problem ist ja keineswegs behoben)?[42] Werden Bruchstellen im Zweiten Senat sichtbar (der für alle wichtigen Entscheidungen eine Zweidrittelmehrheit von 6:2 braucht)? Erleben wir die Stunde der Dissenter? Scheitert der Prozess gar ein zweites Mal? Werden die RichterInnen dem enormen politischen Druck standhalten, ja vielleicht ein „Skandalurteil" riskieren?[43]

Weil der Fall der NPD so wenig hergibt, hat dieser Prozess im Grunde keinen triftigen Anlass. Das Beste, worauf man hoffen darf, ist eine aufgeklärte Lesart des Verbotsartikels. Am Vorabend des Prozesses erscheint sein Ausgang völlig offen.

41 *Kampf/Mascolo*, BKA-Analyse zu fremdenfeindlicher Gewalt. In: tagesschau.de, 21.10.2015.

42 Vgl. *J. Lichdi/H. Meier*, Der Anfang vom Ende. In: taz vom 30.3.2015.

43 Zur Skandalgeschichte *Ute Sacksofsky*, Wellen der Empörung – das Bundesverfassungsgericht und die Politik. In: Merkur 783 (August 2014).

„Was sollen wir damit anfangen?" – Der Prozess*

> (...) I'm also mindful that there will be cases that reach the Supreme Court in which the law is not clear. There will be cases in which a judge's analysis necessarily will be shaped by his or her own perspective, ethics, and judgment. That's why the third quality I seek in a judge is a keen understanding that justice is not about abstract legal theory, nor some footnote in a dusty casebook. It's the kind of life experience earned outside the classroom and the courtroom; experience that suggests he or she views the law not only as an intellectual exercise, but also grasps the way it affects the daily reality of people's lives in a big, complicated democracy, and in rapidly changing times. That, I believe, is an essential element for arriving at just decisions and fair outcomes.
>
> Barack Obama, A Responsibility I Take Seriously [Gedanken zur Nominierung eines Richters/einer Richterin für den Supreme Court]. In: SCOTUSblog vom 24. Februar 2016.

I. Große und k(l)eine Sorgen

Im März 2016 hatte die Republik wirklich große Sorgen: Flüchtlinge kamen und mussten untergebracht werden, es gab Terror in Paris und Brüssel – und allerhand ungelöste Zukunftsaufgaben. Da erlangte eine sehr kleine Organisation vor dem höchsten deutschen Gericht sehr große Aufmerksamkeit: die „Nationaldemokratische Partei Deutschlands". Dieses Mal war die Kommentarlage anders als 2001, als drei Verfassungsorgane unter allgemeinem Beifall ein Verbotsverfahren angestrengt hatten (und kläglich an den „V-Leuten" des Verfassungsschutzes gescheitert waren). Dieses Mal gab es neben staatsfrommer Zustimmung und taktischer Zurückhaltung wenig Elan und viel Skepsis. Erstens ob sich der ganze Aufwand bei dieser unbedeutenden und – sagen wir es einmal schnörkellos –, ungefährlichen Partei lohnen würde; und zweitens, ob das Gericht nicht abermals die Politik vor den Kopf stoßen könnte. *Reinhard Müller*, Rechtspolitiker der FAZ, hatte sich unmittelbar vor dem Prozess einmal mehr als Verbotsskeptiker profiliert.[1] Selbst *Heribert Prantl*, einen notorischen Verbotsbe-

* Zuerst in: RuP 2016, 86 ff.
Diese Impressionen aus dem NPD-Prozess sind problemorientiert. Die *kursiv gesetzten Zitate* basieren auf unseren Prozessnotizen. Das Gericht ließ zwar eine Tonaufnahme anfertigen, diese ist aber laut Geschäftsordnung nur den Verfahrensbeteiligten zugänglich. Es geht auch anders, wie die Praxis des U.S. Supreme Court zeigt: Mitschnitte der mündlichen Verhandlungen werden am Ende jeder Sitzungswoche ins Internet gestellt und sind auch verschriftet allgemein zugänglich; vgl. www.supremecourt.gov und *Linda Greenhouse*, The U.S. Supreme Court. A Very Short Introduction. Oxford University Press 2012, S. 58 und 117.

1 *Müller*, Die Reife der Republik. In: FAZ vom 29. Februar 2016.

fürworter, plagten Zweifel: „Ist der nun beginnende große Karlsruher Bohei nicht ein großer Irrtum, eine Aberratio?“

Bange Fragen wie diese galten auch dem, was in den kommenden Tagen als „staatspolitische Verantwortung“ über der Residenz des Rechts liegen würde. Die rechtspopulistische Konkurrenz der NPD schwoll in den Umfragen auf Werte an, von denen „Nationaldemokraten“ nur träumen können. Zugleich stieg die Zahl der Anschläge auf Flüchtlinge und ihre Unterkünfte Besorgnis erregend. Könnte es sich da das Gericht leisten, eine Partei *nicht* zu verbieten, die jedenfalls atmosphärisch mit dem Vormarsch und der Aggression der radikalen Rechten assoziiert wird? Um noch einmal Staatsanwalt i.R. Prantl zu zitieren: „Darf es sein, dass unter [dem Mantel des Parteienprivilegs] Gewalttaten gegen Flüchtlinge Vorschub geleistet wird? Auch dazu muss dieses Verbotsverfahren gegen die NPD Aussagen treffen. Und das hat Bedeutung für neue Parteiengebilde rechts außen.“[2] Also die NPD schlagen, um die AfD zu disziplinieren?

Im Übrigen brodelte, wie vor jedem größerem Prozess, die Gerüchteküche: Der zum „Staranwalt“ (mit „Einserabitur“!) aufgejazzte Vertreter der NPD, Peter Richter habe den einen oder anderen „Knaller“, sprich V-Mann in petto. Auch über Befangenheitsanträge wurde gemunkelt. Das also war die Ausgangslage. Wer Anfang März nach Karlsruhe reiste, durfte sich den Luxus leisten, alle Sorgen der Welt für drei Tage zu vergessen, um der Verhandlung einer deutschen Schicksalsfrage beizuwohnen: Muss jetzt, im 52. Jahr ihrer Gründung, mit dem Treiben der NPD endlich Schluss gemacht werden?

II. Erster Prozesstag

Karlsruhe, 1. März 2016, Schlossbezirk 3. Hier, wo einst das im Zweiten Weltkrieg zerbombte Hoftheater stand, residiert seit Ende der sechziger Jahre das Bundesverfassungsgericht.[3] Unter dem wolkenverhangenen Himmel wirkt der betont schlichte Bau gesichtslos. Links der verglaste, helle Saalanbau. Vor dem flachen Hauptgebäude drei Fahnenmasten: links Europa, in der Mitte Deutschland, rechts blankes Metall. Ab neun Uhr wird der Vorplatz zum Bienenstock. Der Bundesrat bietet ein „Kontingent“ von 80 Personen auf: Ministerialdirigenten, Verfassungsschutzpräsidenten, Innenminister, Regierungschefs – im Tross ihre Kofferträger, Leibwächter und Chauffeure. Eine stattliche Kolonne schwarzer Limousinen. Die NPD erscheint mit 40 Funktionären. An den „Sicherheitsschleusen“ der Bundespolizei drängen sich Presseleute und Besucher. Flughafenatmosphäre. Wohin die Reise wohl geht?

---

2 *Prantl*, Der braune Kern. In: SZ vom 27. Februar 2016; zu dessen Giftzwergtheorie vgl. SZ vom 8. Dezember 2015.

3 Zum Versuch, der Transparenz demokratischer Rechtsstaaten architektonisch Ausdruck zu verleihen *C. Leggewie*, Im Tempel des deutschen Rechts. In: Zeit Magazin vom 12. September 1991, S. 44–55.

Was fehlt

Eine Leerstelle fällt nicht weiter auf: Die Partei, um deren Existenz hier verhandelt wird, bringt keinen einzigen Demonstranten auf die Straße. Eine linke Partei hätte in Sichtweite des Gerichts ein Protestcamp errichtet. Doch von der NPD künden nur einige Sandwichplakate, in einer Querstraße, hoch oben an den Laternen des Mittelstreifens: „Wir bleiben! Deutschland lässt sich nicht verbieten!" Sieht so der Kampf gegen die „Todesstrafe" aus, die Parteiadvokat Richter an die Wand malt?

Während sich das – mit einer Fotogalerie ehemaliger Richter und Richterinnen schwarz-weiß geschmückte – Foyer füllt, findet im Beratungszimmer des Zweiten Senats eine „Vorbesprechung" statt. Ab 9.15 Uhr erörtern dort die „Verfahrensbeteiligten" letzte Details: Der Senat will anscheinend sicher gehen, nicht gleich zu Beginn eine Überraschung zu erleben. Die NPD-Anwälte spielen mit.

Punkt zehn Uhr. Ausruferin: *Das Bundesverfassungsgericht!* Der Zweite Senat, angeführt von Präsident Voßkuhle, tritt ein. Er blickt in den stehenden Saal, keine Sekunde zu lang: *Bitte nehmen Sie Platz!* Der Vorsitzende und seine drei Kolleginnen und vier Kollegen setzen sich und legen ihre roten Mützchen auf die Bank. *Ich eröffne die Verhandlung über den Antrag des Bundesrates vom 1. Dezember 2013, Aktenzeichen 2 BvB 1/13.*

Einführung

Sehr geehrte Damen und Herren! Mit dem Parteiverbot, Ausdruck des Konzepts einer „wehrhaften Demokratie", hat der Verfassungsgeber versucht, erklärt Präsident Voßkuhle, ein „Grenzproblem" zu lösen – dass nämlich *die Freiheit zur Abschaffung der Freiheit missbraucht* werden kann. *Vor diesem Hintergrund erweist sich das Parteiverbotsverfahren als ebenso scharfes wie zweischneidiges Schwert, das mit Bedacht geführt werden muss: es schränkt Freiheit ein, um Freiheit zu bewahren!*

Voßkuhle streift das gescheiterte erste Verfahren, skizziert die Geschichte des zweiten Anlaufs und betont, der Prozess stelle für das Gericht *in vielfacher Hinsicht eine besondere Herausforderung dar. Es muss nicht nur dem sehr offen formulierten Verbotstatbestand des Art. 21 Abs. 2 GG… inhaltliche Konturen verleihen (…). Es muss auch selbst als quasi erste Instanz einen komplexen Sachverhalt aufklären und sehr viele Einzelaspekte in eine wertende Gesamtbetrachtung überführen. Dabei hat es sich jeder politischer Bewertung zu enthalten… Nach alledem zeigt sich einmal mehr: Jedes Parteiverbotsverfahren stellt eine ernsthafte Bewährungsprobe für den freiheitlich demokratischen Verfassungsstaat dar!*[4]

Der Präsident legt das Blatt, von dem er abgelesen hat, beiseite. Jetzt müssen die Kameras und Mikrofone aus dem Saal. *Bevor wir in die Verhandlung eintreten, stelle ich zunächst die Anwesenheit fest. Herr Innenminister, Frau Abgeordnete, Herr Regierungs-*

4 Einführung zur mündlichen Verhandlung in Sachen „NPD-Verbotsverfahren" am 1. März 2016 (Pressestelle des BVerfG, 4 S.).

direktor.... Die namentlich Aufgerufenen erheben sich, nicken oder deuten eine leichte Verbeugung an.

Besorgnis der Befangenheit?

Ganz oben auf der „Verhandlungsgliederung“ des Gerichts stehen Verfahrensfragen. *Ich vermute, Sie haben dazu einige Anträge,* so Voßkuhle zu NPD-Anwalt Richter. Dieser stellt, wie erwartet, die Befangenheitsanträge gegen die Richter Müller und Huber. Jetzt könnte der NPD-Anwalt seine beste Stunde haben. Das Belastungsmaterial ist erheblich – insbesondere bei Richter Müller, der als damaliger Ministerpräsident des Saarlandes die NPD „ekelerregend“ nannte. Zudem haben beide die Ziele der NPD als „extremistisch“ eingestuft, also eine Kernfrage des Prozesses vorentscheiden. Freilich war das schon zu Jahresbeginn in der *taz* nachzulesen.[5]

Konfrontation oder Anpassung?

Der Anwalt verdirbt den Effekt, indem er obendrein die angeblich falsche Besetzung beider Senate des Verfassungsgerichts rügt. Die Langeweile, die solche Abschweifungen hervorruft, gibt ausgiebig Gelegenheit, die Richterbank zu studieren. Gesichter und Körperhaltungen sprechen Bände. Nachdem der junge Rechtsanwalt endlich fertig ist und die Richter Huber und Müller ihre Unvoreingenommenheit beteuert haben, gibt der Vorsitzende die Linie vor:

> Voßkuhle: Vielen Dank, wir stellen das zunächst einmal zurück und kommen zu unserer Verhandlungsgliederung.
>
> Rechtsanwalt: Herr Präsident, ich meine, es müssten erst die Anträge beschieden werden!
>
> Voßkuhle: Das machen wir in der Mittagspause.
>
> Rechtsanwalt: Herr Präsident, ich meine aber schon, diese Anträge müssten gleich entschieden werden. Ich beantrage Entscheidung des Senats.
>
> Voßkuhle: Ach nein, das machen wir lieber in der Mittagspause. Ich bitte um Verständnis, dass wir so verfahren.

Das genügt. Rechtsanwalt Richter insistiert nicht, er fügt sich. Ihm fehlt offenbar die forensische Erfahrung. Ein konflikterprobter Strafverteidiger hätte es sich kaum bieten lassen, vor einem Gericht weiter zu verhandeln, dem möglicherweise zwei befangene Richter angehören. Und wäre die NPD eine „revolutionäre“ Partei (wie im Verbotsantrag behauptet), würde sie es wohl verschmähen, sich mit solchen Winkelzügen verteidigen zu lassen.[6]

---

5 *J. Lichdi/H. Meier*, Besorgnis der Befangenheit? In: taz vom 19. Januar 2016; zur Ablehnung der Befangenheitsanträge jetzt auch *H. Prantl*, Die kleine Hybris der großen Richter. In: SZ vom 2. März 2016. Diese Rechtsprechung kritisert *Rudolf Wassermann*, Zur Besorgnis der Befangenheit bei Richtern des Bundesverfassungsgerichts. In: Willy Brandt u. a. (Hrsg.), Festschrift für Helmut Simon (1987).

6 Vgl. *Hans Magnus Enzensberger* (Hrsg.), Freisprüche. Revolutionäre vor Gericht. Frankfurt 1973.

Unterdessen erklärt Präsident Voßkuhle das für das Gericht maßgebliche Prozessrecht. Einige Lücken seien zu schließen, wofür die Strafprozessordnung Anhaltspunkte biete. Doch eine förmliche Beweisaufnahme komme nicht in Betracht. Das Gericht, obgleich im Verbotsverfahren ausnahmsweise Tatsacheninstanz, macht damit klar, dass es einen aufwändigen Prozess vermeiden will. Was einst im Verfahren gegen die SRP an zehn Tagen und gegen die KPD an 51 Tagen verhandelt wurde, soll heute nur kursorisch erörtert werden. Rechtsanwalt Richter lernt schnell, dass er hier, vor dem „Hohen Senat“, keine Beweisanträge stellen, sondern allenfalls „Anregungen“ vorbringen darf.

Leitmotiv

Nun gibt Richter Müller, Berichterstatter des Senats, eine Einführung, die, wie sich später herausstellen wird, dem Ganzen das Leitmotiv voranstellt: *Das Grundgesetz baut auf die Kraft der freien geistigen Auseinandersetzung. Das Parteiverbot, ein massiver Eingriff in die Offenheit des politischen Prozesses, kommt nur in engen Ausnahmefällen in Betracht. Die Maßstäbe der fünfziger Jahre müssen fortentwickelt werden. Aber mit welchen Anforderungen und Hürden? Selbst wenn man dem Präventivcharakter des Parteiverbots Rechnung trägt: Muss man nicht vom bloßen Bekenntnis hin zur aktiven Bekämpfung kommen?*

So räumt Müller gleich eingangs mit einem Irrtum, dem viele erliegen, gründlich auf: *Art. 21 Abs. 2 dient jedenfalls nicht der Unterdrückung bloßer Meinungen.* Dann zitiert er die ultimativ-präventive Aussage des KPD-Urteils von 1956:

> „Eine Partei kann... auch dann verfassungswidrig sein, wenn nach menschlichem Ermessen keine Aussicht darauf besteht, daß sie ihre verfassungswidrige Absicht in absehbarer Zukunft werde verwirklichen können...; wenn die verfassungsfeindliche Absicht überhaupt nachweisbar ist, braucht nicht abgewartet zu werden“.[7]

Kann man heute daran festhalten?, fragt Richter Müller ganz unbefangen. *Oder muss man nicht hin zu einer Wahrscheinlichkeit oder wenigstens Möglichkeit der Verwirklichung solcher Absichten kommen? Die Rechtsprechung des Europäischen Gerichtshofs für Menschenrechte, der ein „dringendes soziales Bedürfnis“ fordert*, fährt Müller fort, *kann hier als Auslegungshilfe dienen. Wir stehen damit vor der Frage, ob das Schüren eines geistigen Klimas, in dem andere schlimme Taten begehen, der Partei zugerechnet werden kann – ob also „geistige Brandstiftung“ genügt.*

Wo bleiben die „Knaller“?

In den nächsten Stunden dieses ersten Tages wird über „abgeschaltete“ V-Leute und geschwärzte Geheimdienstakten gestritten. Die Befangenheitsanträge werden, wie erwartet, nach der Mittagspause abgelehnt. Und was sich schon vormittags anbahnte, wird jetzt vollends klar. So sehr sich Rechtsanwalt Richter auch bemüht, mögliche

7 BVerfGE 5, 87, 143; dazu *H. Meier*, Die „verfassungswidrige“ Partei als Ernstfall der Demokratie. In: Verbot der NPD – ein deutsches Staatstheater in zwei Akten (Berlin 2015), S. 129, 145 (sowie 36, 49, 222, 299 und 320).

Verfahrenshindernisse zu konstruieren: es gelingt ihm nicht, sie plausibel zu machen oder gar den (hier im Saal allseits so genannten) „Hohen Senat“ unter Aufklärungsdruck zu setzen. Das Gericht ist offenbar entschlossen, den Beteuerungen führender Verfassungsschützer zu glauben, die erwartungsgemäß ihre Dienstvorschriften herunterbeten und auf wiederholten Vorhalt erklären: *Eine Abweichung davon? Das kann ich definitiv ausschließen!*

Ich komme ja vom Disziplinarrecht her, wirft Richter Maidowski ein (sein Sprachschatz kennt Worte wie „Subtext“) – und erklärt, dass Sein und Sollen ja nicht immer zur Deckung kommen. *Und wie kontrolliert man die menschliche Neugier?* Jetzt schalten sich auch die Richterinnen Kessal-Wulf und Hermanns ein, haken nach zum Widerspruch zwischen *Anspruch und Realität.* Die Anwälte der NPD stellen nicht einmal den Antrag, die betreffenden Akten ungeschwärzt beizuziehen oder wenigsten die V-Mann-Führer namhaft zu machen.[8]

Abends gegen halb acht vertagt sich das Gericht. Die „Knaller“ aber, die Rechtsanwalt Richter so vollmundig angekündigt hatte, sind keine. Er bevorzugt die geschraubte juristische Fensterrede, mal umständlich, mal geschwollen – immer folgenlos. Der geschickt agierende Vorsitzende lässt ihn gewähren und damit regelmäßig ins Leere laufen. Doch wann immer der NPD-Anwalt prozessual etwas Bestimmtes will – und er will das bald schon gar nicht mehr -, weist Voßkuhle ihn im Ton sanft, doch in der Sache bestimmt in seine Schranken. Sollte die NPD am Ende ungeschoren davonkommen, dann nicht wegen, sondern trotz ihres Anwalts.

Damit sind die Rollen verteilt. Dieser Prozess kann wirklich nach der vorab ausgeteilten „Verhandlungsgliederung“ des Gerichts *abgearbeitet* werden; die angesetzten drei Tage könnten tatsächlich ausreichen.

III. Zweiter Prozesstag

Schlag zehn Uhr. *Das Bundesverfassungsgericht!* Einzug der farbenprächtigen Roten Roben. *Bitte nehmen Sie Platz!* Aufruf des Aktenzeichens, Feststellung der Anwesenheit. Dann unvermittelt der entscheidende, geradezu geflüsterte Satz des Vorsitzenden: *Der Senat ist zu der vorläufigen Einschätzung gelangt, dass zur Zeit kein Verfahrenshindernis vorliegt. Wir treten damit in die Verhandlung zur Sache ein.* Rechtsanwalt Richter macht nicht einmal Anstalten, einen förmlichen Beschluss zu erzwingen. Ein solcher hätte die Mehrheitsverhältnisse im Senat offen gelegt, weil jede der Partei „nachteilige“ Entscheidung mit einer Zweidrittelmehrheit fallen muss, also mindestens 6:2.

Dafür darf der NPD-Anwalt nun wieder lang und breit seine Rechtsansichten vortragen: *Herr Präsident, hoher Senat, verehrte Verfahrensbeteiligte!* Beflissen wie ein Musterschüler ergeht er sich in Mutmaßungen über das Verfassungsrecht. Zum Beispiel mit

8 Das Gericht hatte mit seinem Nachlieferungsbeschluss vom 19. März 2015 die Erwartung geweckt, es werde für die Abschaltung von V-Leuten einen strengen Nachweis fordern; vgl. *J. Lichdi/H. Meier*, Rechtsstaatliche Realsatire. In: taz vom 30. März 2015.

seiner bizarren These, die Parteiverbotsnorm des Grundgesetzes sei „eigentlich“ kein geltendes Recht.[9]

„Wie verträgt sich das mit Ihrem Antrag?“

Dann geht es wirklich zur Sache. Professor Christoph Möllers, Prozessvertreter des Bundesrats, trägt die Kernthesen des Verbotsantrags vor: Parteien müssen verfassungstreu sein und riskieren bereits wegen menschenfeindlicher Ziele ihr Verbot. Präventiver Verfassungsschutz kann gar nicht früh genug eingreifen, sei die Partei auch noch so klein. Daher kommt es weder auf Einfluss und Gefahr noch auf Verhältnismäßigkeit an; einschüchternde Agitation und Dominanzstreben genügen.[10]

Richter Müller konfrontiert Möllers mit seiner Vergangenheit: *Sie haben 2008 etwas geschrieben, das ich Ihnen vorlesen möchte.*

> „Parteiverbote helfen der Demokratie nicht. Eine antidemokratische Partei, die die Unterstützung eines nennenswerten Teils der Bevölkerung gewonnen hat, muss man demokratisch bekämpfen, nicht mit Hilfe eines Gerichts. Ein gerichtliches Verbot bestätigt genau den Verdacht gegen die Demokratie, der den Erfolg jeder extremistischen Partei begründet: nicht mehr offen für Anliegen der Leute zu sein, sondern sich gegenüber diesen zu verselbständigen. Mit einem Gerichtsverfahren gibt die demokratische Politik die demokratische Konfrontation auf und leitet ihre Verantwortung einfach weiter. Auch in diesem Fall herrscht das falsche Bedürfnis, die Gegner der Demokratie aus dem öffentlichen Sichtfeld zu verbannen. Nur das Gegenteil kann das Problem lösen.“[11]

Richter Müller: Wie verträgt sich das mit Ihrem Antrag?

Professor Möllers (zögernd, in die gespannte Stille hinein, wie zu sich selbst): *Das ist im Wagenbach Verlag erschienen.*

Heiterkeit im Saal. Dann bekennt Möllers, leise und verhaspelt, seine „biografische Kehre“ – angestoßen durch ernste Gespräche, die er mit einem Kollegen (dessen Namen er hier nicht nennen möchte) über die besorgniserregenden Zustände in Mecklenburg-Vorpommern geführt habe… Zu spät! All das verfängt nicht mehr; der Auftritt geht daneben.

---

9 Der NPD-Anwalt beruft sich dabei auf eine Schrift, in der ein Redaktionsversehen in Bezug auf das „Beeinträchtigen“ der fdGO rekonstruiert wird (der Begriff war im Parlamentarischen Rat gestrichen worden). Er verliest seitenlange Zitate, eine geschlagene Viertelstunde, nur um am Ende den entscheidenden Gedanken zu unterschlagen: Dass der Verbotsartikel ungeachtet des redaktionellen Versehens geltendes Verfassungsrecht ist – und durch eine restriktive Interpretation rechtsstaatlich gezähmt werden muss; vgl. *H. Meier*, Parteiverbote und demokratische Republik (1993), S. 155 ff. und 357 f.

10 Zur Argumentation der Verbotsbetreiber *H. Meier*, Der Anfang vom Ende: eine Pressekonferenz. In: „Staatstheater“, S. 124 ff.

11 *Christoph Möllers*, Demokratie – Zumutungen und Versprechen, Nr. 160 – zitiert nach „Staatstheater“, S. 132.

Was sind „handlungsleitende Äußerungen"?

Möllers hantiert mit dem schillernden Begriff „handlungsleitende Äußerungen". Man denkt an die Formel von der „aktiv kämpferischen, aggressiven Haltung" aus dem KPD-Urteil. Der Senat hakt nach, etwa Richter Huber: *Müssen wir nicht, ähnlich wie im Atomrecht, ein Restrisiko hinnehmen? Gilt nicht auch für Parteiaktivitäten eine Art Bagatellgrenze? Oder wollen wir etwa das Grundrauschen der Demokratie verlassen?* Präsident Voßkuhle wendet ein: *Kommt es nicht auf die Möglichkeit des Erfolges an?* Richter Müller bohrt weiter: *Und der Selbstwiderspruch, dass Demokratie durch ein Verbot teilweise unterbunden wird – muss der nicht auf die Interpretation durchschlagen? Sodass es schon ziemlich dick kommen muss?*

Da schaltet sich Richter Landau ein: *Wir sind am entscheidenden Punkt: Geht es um ein konkretes oder ein abstraktes Gefährdungsdelikt? Muss ein Schaden wirklich greifbar drohen oder reicht es schon, wenn ein Schadenseintritt nach allgemeiner Erfahrung zu erwarten ist?* Möllers bemerkt, er kenne sich mit Strafrecht nicht so gut aus. Eine harmlose Floskel, doch Richter Landau reagiert sichtlich gereizt. Dann für Augenblicke Situationskomik:

> Landau: Wir kommen da nicht weiter, das können Sie vielleicht noch nachtragen in Ihrer bunten Art.
>
> Möllers (an seinem Maßanzug herunterblickend): Ich trage blau.
>
> Präsident Voßkuhle: Herr Landau, Herr Landau!
>
> Landau: Ist gut, ich nehme meine Formulierung zurück.

Mit Blick auf die Rechtsprechung des Europäischen Gerichtshof, erklärt Richterin König, *muss ein Eingriff verhältnismäßig sein: Wie wollen Sie um diese Klippe herumkommen ohne gewisse Anhaltspunkte für eine potenzielle Verwirklichung?* Und Richterin Hermanns ergänzt: *Sie sprechen von „handlungsleitendem Potenzial" politischer Äußerungen. Woran machen Sie das fest?*

Möllers nennt Demonstrationen gegen Flüchtlingsheime, das Anheizen der Stimmung. Er beschwört öffentliche Auftritte – „immer an der Schwelle zur Gewalt, ohne gewalttätig zu sein" –, die auch unterhalb einer Nötigung „unangenehm und bedrohlich" sein können. *Aber landen wir dann nicht doch beim Gesinnungsdelikt?*, will Präsident Voßkuhle wissen: *Zählen provozierende Inhalte nicht zu den wechselseitigen Zumutungen? Ist das nicht gerade das Salz in der Suppe der Demokratie?*

Einschüchterung von Kommunalpolitikern?

Aufgefordert, in puncto fremdenfeindliche Demonstrationen nachzuliefern, beruft sich der Bundesrat etwa auf den Fall Tröglitz. Dort war im Frühjahr 2015 der Ortsbürgermeister zurückgetreten, weil die NPD vor seinem Privathaus eine Protestkundgebung durchführen wollte.[12] Auch damit macht Möllers keinen Punkt. Richter Müller

12 Dazu faktenreich und aufklärend *Sebastian Striegel*, „Zur Verantwortung der NPD für die rassistische Mobilisierung in Tröglitz" in dem Tagungsband „Darf die NPD wegen Taten

kommt auf sein früheres „befangenheitsgeneigtes Leben“, wie er ironisch formuliert, zu sprechen: *Ich war Ministerpräsident, als im Saarland das Sterben des Steinkohlebergbaus politisch durchgestanden werden musste. Und erinnere mich lebhaft an die Wochen, da hunderte empörte Bergleute vor meinem Haus demonstrierten. Das war nicht gerade angenehm, vor allem für meine Familie und meine Nachbarn. Aber meinen Sie nicht, dass ein demokratischer Politiker solche Zumutungen aushalten muss?*

Präsident Voßkuhle: *Vielleicht noch zwei Fragen, dann kann sich Herr Möllers erst mal erholen.* Richter Huber meldet ein *kleines Störgefühl* an: *Wenn anstößige Ziele als solche ausreichen, dann hat die Partei einen kleineren Aktionsradius. Und am Ende geht es doch um Gesinnungen.* Richter Landau meldet ein *großes Störgefühl* an: *Wird nicht durch ein zu frühes Parteiverbot die politische Willensbildung verkürzt?*

„Wesensverwandtschaft mit dem Nationalsozialismus“?

Ein zentraler Vorwurf lautet, die NPD-Ideologie sei teilweise „mit dem historischen Nationalsozialismus wesensverwandt“. Der Bundesrat stützt sich auf Gutachten des Instituts für Zeitgeschichte, das mehrere tausend Zitate auswertete. Professor Christian Waldhoff erklärt: *Mit dem Nationalsozialismus wesensverwandte Ziele sind als solche schon Ausdruck einer aggressiv-kämpferischen Haltung. Sie untergraben die Grundordnung und sind für die Partei unmittelbar handlungsleitend.*

> Richter Müller: Reichen sie oder reichen sie nicht für ein „Darauf ausgehen“?
>
> Professor Waldhoff: Wesensverwandte Ziele reichen, mindestens als Indikator für eine aggressiv-kämpferische Haltung.
>
> Müller: Wieso reicht NS-Gesinnung?
>
> Waldhoff: Weil die Partei ihrer inneren Dynamik nach handeln muss.
>
> Müller: Und das reicht, ohne Rücksicht auf jede Erfolgswahrscheinlichkeit? Sie würden also den Verbotsartikel so lesen: „Mit dem NS wesensverwandte Parteien sind verfassungswidrig?“
>
> Waldhoff: Ja.
>
> Müller: Aber der Wortlaut ist anders! Dann, laut nachdenkend: Man könnte auch auf die Idee kommen, die Frage der Wesensverwandtschaft auf die „freiheitliche demokratische Grundordnung“ zu beziehen – der Ordnung also, mit der solche Ziele offenkundig unvereinbar sind.

Das hört sich nicht danach an, als wolle das Gericht aus dem Argument der „Wesensverwandtschaft“ ein Sonderrecht gegen neonazistische Parteien schmieden. Doch gerade darauf setzen die Verbotsbetreiber – auf eine Analogie zum „Wunsiedelbeschluss“ des Ersten Senats, der 2009 Sonderrecht gegen neonazistische Meinungen erfunden hatte.[13] Später erklärt Präsident Voßkuhle: *Der Senat misst beiden Gutachten des Instituts für Zeitgeschichte keine große Bedeutung bei.*[14]

---

parteiloser Neonazis verboten werden?“ (hrsg. von *J. Lichdi* im Auftrag der Heinrich-Böll-Stiftung und der Amadeu-Antonio-Stiftung). Dresden 2016.

13 Zur Kritik *Bernhard Schlink*, Mit Rechts leben und *H. Meier*, Sonderrecht gegen Neonazis? In: „Staatstheater“, S. 225 f. und 268.

„Gedankengut“, vorzugsweise „verfassungsfeindliches“, wird hierzulande gern als Verbotsgrund angeführt. 1948 schrieb der amerikanische Philosoph Alexander Meiklejohn: „Vor Ideen Angst zu haben, was immer sie aussagen mögen, heißt zur Selbstregierung unfähig sein.“[15]

Gegen Viertel vor zwei ist Mittagspause. Unten vor dem Saalanbau spannen die persönlichen Referenten große schwarze Regenschirme auf. Alles eilt zu den Tagesgerichten. Wir rekapitulieren die kritischen Fragen zu den Maßstäben: wie durchdacht, wie präzise! Und haben den Eindruck, dass die Antragsteller, konfrontiert mit diesem Problembewusstsein, nichts auf der Pfanne haben, womit sie echte Gefahren belegen könnten. Oder ist alles doch ganz anders? Fragen die RichterInnen deshalb so munter nach, weil sie, auf ein Verbotsurteil schielend, Durchblick und Souveränität zur Schau stellen wollen?

Die Stunde der Sachverständigen

Gegen halb vier wird der Prozess fortgesetzt. Der NPD-Anwalt gibt sich servil: *Ich habe schon einmal, über Nacht sozusagen und spontan, einige Einwände zusammengestellt. Das habe ich auch auf USB-Stift. Darf ich dem hohen Senat vielleicht schon mal…* Spricht's und zieht einen prallen Aktenordner aus der Tasche, den er unter großem Gelächter auf die Richterbank wuchtet. Präsident Voßkuhle: *Im Protokoll wird jetzt vermerkt: allgemeine Heiterkeit.*[16]

Dann werden die Sachverständigen aufgerufen. Der erste, *Eckhard Jesse*, Politologe von der TU Chemnitz und Doyen der deutschen Extremismusforschung, schöpft aus 40 Jahren Berufserfahrung: *Ich bin engagierter Anhänger einer „liberalen“ Spielart der streitbaren Demokratie und als solcher ausdrücklich gegen ein Verbot der NPD.*[17] *Denn sie stellt für die Demokratie keine Gefahr dar.* Jesse warnt davor, die vollmundigen Parolen dieser „Zwergpartei“ mit der Wirklichkeit zu verwechseln. Seine Stichworte, alle zutreffend, heißen: Mitgliederschwund, desolate Lage, keine bis abnehmende Kampagnenfähigkeit. *Ich fasse meinen Befund zusammen: Eine Partei, die, wenn überhaupt, nur unter massiven Polizeischutz einige Leute auf die Straße bringt, hat nicht die politische Kraft, ein „Klima der Angst“ zu schaffen. Die NPD, organisatorisch entkräftet, finanziell ausgezehrt, ideologisch und strategisch zerstritten, ist ein Winzling, ein Gernegroß. Sie ist isoliert und geächtet. Sie verdient es, weiter dahinzuvegetieren! Es ist nicht angängig, ihre so*

---

14 Vgl. Verbotsantrag, Anlage 2: „Zur Frage der Wesensverwandtschaft von NPD und historischem Nationalsozialismus“ = Stellungnahme (40 S.) und Synopse (22 S.); „Fortschreibung“ (29 S.) vom 9. Februar 2016 (unveröff.).

15 *Alexander Meiklejohn*, Free Speech And Its Relation to Self-Government (New York 1948), S. 27: „To be afraid of ideas, any idea, is to be unfit for self-government“ – deutsche Übersetzung nach *Winfried Brugger*, Meinungsfreiheit im Recht der Vereinigten Staaten, in: ders., Studien zum Verfassungsrecht der USA (2002), S. 267.

16 *Helene Bubrowski*, Über Nacht. In: FAZ vom 14. März 2016.

17 Vgl. *Jesse*, Verbieten oder Nichtverbieten? In: „Staatstheater“, S. 259 ff.

plumpen wie primitiven Parolen für bare Münze zu nehmen. Dominanzstreben ist nicht Dominanz!

Jesse wird im Anschluss an sein Statement intensiv befragt, von der gesamten Richterbank. So geht es allen Sachverständigen. Der nächste, der Politologe *Steffen Kailitz*, ein Schüler von Jesse, geht auf Distanz zu seinem Lehrer und malt eine ganz andere NPD an die Wand. Nach dem Motto „Was wäre wenn…?“ *Wenn die NPD eine Diktatur in Deutschland errichtet hätte und wenn sie eines Tages in der Lage wäre, die von ihr propagierte „Ausländerrückführung“ zu verwirklichen? Ein monströses Vertreibungsprogramm wäre die Folge. Um es gegen acht bis zehn Millionen Menschen durchzusetzen, wäre letztlich eine gewaltsame Deportation unausweichlich.* Ja, wenn…! Das ist die Methode Science-fiction, hinlänglich bekannt aus Verfassungsschutzberichten, die sich darin ergehen, Sekten wie die Scientology Church zur Gefahr für die fdGO zu stilisieren.[18]

Nun tritt der dritte Sachverständige, der Politologe *Dierk Borstel* auf. Ein Gutachten, das er im Auftrag des Bundesrats 2013 erstattete, wird im Verbotsantrag vielfach bemüht.[19] Borstel ist ein exzellenter Kenner der Szene in Mecklenburg-Vorpommern. Er lebte mehrere Jahre in der Nähe von Anklam, heute beobachtet er Neonazis im Ruhrgebiet. Borstel beschreibt die „abgehängten Gebiete“, einst durch die Agrarindustrie der DDR geprägt, wo junge Leute in den Westen abwandern und die Dagebliebenen die Versprechen der ungelernten Demokratie an den desolaten Verhältnissen vor Ort messen. Diese sind stark durch vorpolitische Strukturen wie Nachbarschaften, Cliquen und Vereine geprägt ist. In diesem Milieu verzeichnet die NPD begrenzte Erfolge. *„Braun gehört für mich zu bunt dazu“, hat mir ein Bürger offen gesagt.* In dieser politischen Kultur empfinden Demokraten ein „Gefühl der Angst“ und Mutlosigkeit.

Borstels dichte Beschreibung, so realistisch wie beklemmend, beeindruckt sichtlich. Da steht ein Wissenschaftler, der, biographisch beglaubigt, nüchterne Einblicke in die sagenumwobenen „national befreiten Zonen“ eröffnet. Sein Resümee, unprätentiös, dahin gehaucht: *Vor diesem Hintergrund spreche ich mich nach wie vor gegen ein Verbot der NPD aus. All das Engagement, das man in dieses Unternehmen investiert, habe ich in den letzten Jahren vermisst zur Stärkung der demokratischen Initiativen vor Ort.*

Richter Müller: *Weil doch etliche hier im Saal die Akten nicht kennen, darf ich erklären, Ihr Gutachten geht auf die Antragsteller zurück.* Betretenes Schweigen bei den Verbotsbetreibern.

---

18 Zur Kritik *H. Meier*, Science-fiction und Verfassungsschutz. In: ders., Protestfreie Zonen? (Berlin 2012).

19 Vgl. *C. Leggewie*, Rechtsradikalismus zwischen Partei und Bewegung. In: „Staatstheater“, S. 199 ff., 202 f.; außerdem *Borstel*, „Thesen zur Entwicklung der demokratischen Kultur und des Rechtsextremismus in Ostvorpommern“ in dem von J. Lichdi hrsg. Tagungsband „Darf die NPD wegen Taten parteiloser Neonazis verboten werden?“ (Dresden 2016).

Zuletzt wird *Andrea Röpke* aufgerufen, eine engagierte Buchautorin und mutige Journalistin.[20] Im Laufe ihres Vortrags steigert sie sich leider in atemlose Antifa-Rhetorik. Ihre Geschichten, in Ablauf und Bedeutung für das Verfahren oft nicht konkret nachzuvollziehen, ergeben in der Summe eine ungute Mischung aus gereizter Empörung und Alarmismus. Einmal, während Röpke sich, nach rechts gewandt, mit einem „alten Bekannten“, einem NPD-Funktionär anlegt, weist Voßkuhle sie zurecht: *Unterlassen Sie die Metakommunikation!* Es bleibt die einzig scharfe Bemerkung eines Vorsitzenden, der diesen Prozess auf unnachahmlich sanfte Weise leitet. „Politische Justiz“ kann sehr harmonisch sein!

Unterdessen sucht Richter Huber sicheren Grund: *Wir müssen auch mal über Zahlen reden. Der Ring Nationaler Frauen hat bundesweit 100, die Jungen Nationaldemokraten 300 bis 350 und die NPD an die 5000 Mitglieder. Schwer vorzustellen, wie man mit so bescheidenen Größen die ganze Republik aufmischen kann.*

Nüchterne Einschätzung oder Wunschdenken?

Nach vier Sachverständigen steht es abends 2:2 unentschieden. Doch die langen Gesichter auf den Bänken der Antragsteller künden davon, dass der Prozess gekippt ist. Die Gutachter Borstel und Jesse markieren den Wendepunkt. Soweit wir unserer Wahrnehmung trauen dürfen, ist die Partei als das sichtbar geworden, was sie bundesweit ist: eine isolierte Splittergruppe. Misst man dieses schwindsüchtige Gebilde an den vormittags zu erkennenden anspruchsvollen Maßstäben, so kann daraus eigentlich nur die Abweisung des Verbotsantrags folgen. Eigentlich.

Während wir den Senat gestern noch für gespalten ansahen, fragen wir uns am Abend des zweiten Tages, wer von den acht überhaupt ein Verbotsurteil unterschreiben würde. Und wie bitte schön! sollten die dafür notwendigen sechs Stimmen zusammenkommen? Praktische Vernunft muss und wird den Antrag mangels Verhältnismäßigkeit scheitern lassen. Doch Prozessbeobachter tun gut daran, sich in Demut zu üben. Nüchterne Einschätzung und Wunschdenken liegen dicht beieinander.

Kleine Presseschau

Zur Objektivierung trägt die Lektüre von Tages- und Wochenzeitungen bei. Die Redaktionen beschäftigen gestandene Juristen, bekanntlich meinungsfreudige Leute. Wer die Karlsruher Verhandlungen geduldig verfolgte, rieb sich bei der Morgenlektüre verwundert die Augen, wie unterschiedlich das Geschehen gesehen und bewertet wurde.

Wolfgang Janisch, *Süddeutsche Zeitung*, hält ein Verbot zwar bis heute für möglich, erklärt aber: „Der Zweifel der Richter zog sich wie ein roter Faden durch die Anhörung.“[21] Christian Rath von der *tageszeitung*, bekennender Verbotsgegner, schreibt nach

---

20 Zuletzt im Auftrag der SPD die Broschüre „Gefährlich verankert. Rechtsextreme Graswurzelarbeit, Strategien und neue Netzwerke in Mecklenburg-Vorpommern“. Schwerin 2015.

21 *Janisch*, Die Zündler. In: SZ vom 4. März 2016.

dem ersten Prozesstag: „Das Verbot dürfte wohl nicht mehr aufzuhalten sein." Und kurz darauf: „Am zweiten Tag zeigte sich, dass Karlsruhe als Voraussetzung für ein Verbot nicht verlangen wird, dass die NPD eine ‚konkrete Gefahr' für die Demokratie sein muss."[22] Die Berichte von Helene Bubrowski, *Frankfurter Allgemeine Zeitung*, nähren Zweifel, ob es für ein Verbot reichen würde, lassen aber auch den staatspolitischen Druck ahnen.[23]

IV. Dritter Prozesstag

Wieder Schlag zehn Uhr. Einzug der scharlachroten Roben. *Bitte setzen Sie sich!* Was folgt, ist kaum mehr als ein Nachgeplänkel. Die Verhandlungsgliederung spricht in guter Juristenmanier von „Subsumtion". Dort begegnen sich Norm und Wirklichkeit, werden systematisch aufeinander bezogen – und am Ende ist der Fall schön handlich, also „entscheidungsreif". Der letzte Tag steht ganz im Zeichen der Frage des Vorsitzenden: *Wie ist das Gedankengut der NPD einzuschätzen und welche Folgen ergeben sich daraus?*

Ahnungslose Innenminister

Zunächst haben die Innenminister von Bayern und Mecklenburg-Vorpommern, Hermann und Caffier, einen peinlichen Auftritt. Sie beschwören die Gefahren, die vom Treiben der NPD ausgehen und beteuern, zum Verbot gebe es keine Alternative: „ultima ratio"! Richter Müller hält beiden Ministern ungerührt Formulierungen aus ihren neuesten Verfassungsschutzberichten vor: „Niedergang", „nahezu keine Aktivitäten feststellbar", „desolater Zustand", „weder willens noch in der Lage". *Das kontrastiert doch irgendwie mit einer „Atmosphäre der Angst".*

Die Innenminister werden kleinlaut und bestehen tapfer darauf, dass die NPD in ihrem Bundesland irgendwie existiert, jedenfalls „erkennbar" ist. Sie winden sich. Richter Müller wird das alles zu bunt: *Hartz IV-Beratung, Kinderfeste, Unterwanderung von Sportvereinen – wo ist da die Gefahr für die freiheitliche demokratische Grundordnung?*

„Volksgemeinschaft" und „Biodeutsche"

Viel Raum nimmt an diesem Tag die Frage ein, ob die „Volksgemeinschaft" der NPD mit der fdGO des Grundgesetzes vereinbar ist. Sie ist es offenkundig nicht. Der rassistisch motivierte Ausschluss bestimmter Menschen negiert deren Würde und Gleichheit. Das Gericht wird nicht müde, u. a. den Bundesvorsitzenden Frank Franz zu befragen. Er ist, anders als die meisten anwesenden Parteigenossen, kein Hardliner und

22 *Rath*, Traurige Gesichtswahrung/Völkische Ideologie gerügt. In: taz.de vom 2./3. März 2016.

23 Vgl. *Bubrowski*, Selbstdemontage vor Gericht. In: FAZ vom 4. März 2016.

will die NPD in Richtung FPÖ modernisieren. *Was ist das für eine Volksgemeinschaft? Wer darf ihr angehören? Was erwartet „alkoholisierte Asylneger"?*[24]

Präsident Voßkuhle: Warum kann ein „Neger" oder „Asiat" trotz deutschen Passes nicht Deutscher werden?

Franz: Weil er, Herr Präsident, eben kein Biodeutscher ist!

Voßkuhle: Und könnte er Mitglied der Volksgemeinschaft werden?

Franz: Im Prinzip ja, Herr Präsident, nur fühlen sich Ausländer in ihrer Heimat eigentlich am wohlsten.

Voßkuhle: Und was heißt „Ausschluss von den Sozialsystemen"? Sollen die Flüchtlinge verhungern?

Franz: Nein, Herr Präsident, nur in kostengünstigen Lagern wohnen!

Die Antworten, mal beredsam, mal stockend, folgen ein und demselben Muster: Verschlagenheit, Wortklauberei, Abwiegeln. Nimmt man die Riege der Parteioberen in den Blick, die da artig in Schlips und Anzug sitzt, kann man sich lebhaft vorstellen, dass der Mut dieser „deutschen Männer" sich am liebsten an Wehrlosen austobt. Vor jeglicher Staatsmacht, und komme sie noch so sanft wie Präsident Voßkuhle daher, kuschen sie.

Mit Fragen zum Konzept dieser „Volksgemeinschaft" schalten sich praktisch alle Richterinnen und Richter ein. Am Ende platzt einem der Kragen: *Die Botschaft hör' ich wohl, allein mir fehlt der Glaube!*, rezitiert Richter Landau. Präsident Voßkuhle trocken: *Einige Millionen Eingebürgerte, sogenannte Neger und Asiaten – all die sollen doch irgendwie dazugehören? Dann haben Sie ja am Ende eine Volksgemeinschaft, die Sie sich eigentlich gar nicht wünschen!*

Die Verbotsbefürworter wittern Morgenluft: *Sehen Sie, diese Volksgemeinschaft ist total unvereinbar mit unserer Grundordnung!* Nur vergessen sie dabei, dass das Gericht gewisse Ziele durchaus als verfassungswidrig einstufen kann, ohne die Partei deswegen verbieten zu müssen.

Ach ja, aus Mallorca war noch ein Gastwirt geladen, eine „sachkundige Auskunftsperson".[25] Holger Apfel, Ex-NPD-Chef, ziert sich erst, dann spricht er vom Scheitern seiner Strategie der „seriösen Radikalität". Bis es aus ihm herausbricht: *Die Partei führt ein Schattendasein, da schließe ich mich weitgehend Herrn Jesse an. Die NPD ist ein Popanz, von ihren Gegnern und der Presse aufgebauscht.*

Gibt es in Deutschland „national befreite Zonen"?

Im Kontext der vielbesagten „Dominanzansprüche, seien sie räumlich oder ideologisch", stellt Richter Müller eine schlichte Frage: *Da Sie im Verbotsantrag davon sprechen – gibt es in Deutschland „national befreite Zonen"?*

---

24 So in seinem Blog der einstige sächsische NPD-Landtagsabgeordnete Jürgen Gansel, der eine „klare Sprache" spricht; Maulhelden wie er werden in seiner Partei als Theoretiker gehandelt.

25 Dazu *H. Meier*, Herr Apfel wird Wirt. In: „Staatstheater", S. 374 f.

Professor Waldhoff: Gemeint ist damit ein Dominanzstreben, ein Konzept.

Müller: Ich meine nicht ein Streben, sondern die Realität.

Waldhoff: Also, der Kleinstort Jamel in Mecklenburg-Vorpommern ist so eine Zone.

Müller: Ich habe mir sagen lassen, dort wohnen 30 Erwachsene und 17 Kinder. Dann hätten wir also eine „national befreite Zone"?

Einwurf Präsident Voßkuhle: Das letzte gallische Dorf sozusagen! – Heiterkeit im Saal.

Müller: Und sonst? Vielleicht noch eine?

Waldhoff: Die Kleinstadt Anklam, wo es Ansätze, entsprechende Bestrebungen gibt.

Müller: Also bleibt es dabei: eine „national befreite Zone" in ganz Deutschland?

Waldhoff: Ja.

Was soll man dazu sagen? Ein Kollege formulierte es so: „Manche Hochburg schrumpfte unter Müllers bohrenden Nachfragen zum braunen Maulwurfshügel".[26] In solchen Momenten schweigt Rechtsanwalt Richter. Ein geistig arretierter Parteifunktionär, der versagt, wann immer er sein stärkstes Argument ausspielen müsste: die Schwäche seiner Partei.

Eine Liste mit Straftaten

Auch mit der Liste, die Straftaten von NPD-Funktionären präsentiert, konfrontiert Richter Müller den Vertreter des Bundesrats: *Ich habe an die 60 Straftaten gezählt – seit 1991. Und frage mich: was bedeutet das? Abgesehen von der Unterscheidung zwischen Äußerungsdelikten und Gewalttaten ist mitunter nicht mal ein politischer Hintergrund zu erkennen. Da kann ein Handwerksbetrieb die Löhne nicht bezahlen; ein anderer Streit, am Rande eines Fußballspiels, dreht sich um Besitzansprüche auf eine Freundin. Was sollen wir damit anfangen?* Waldhoff versucht es so: Die Straftaten in der Summe zeigten eben „das Potenzial" der NPD.

„Über 300 Kommunalmandate!"

Vielfach ist von den „über 300 Kommunalmandaten" der NPD die Rede, einmal hakt Richter Müller nach: *Ist das wirklich eine Aktionsbasis? Wie viele kommunale Mandate gibt es eigentlich in Deutschland?* Der Angesprochene schätzt „an die 70000". Daraufhin Müller (nach einer genüsslichen Pause): *Es sind ungefähr 230000.*

War's das?

Am Abend erlebt die sichtlich ermüdete Versammlung noch einen pflichtschuldigen Appell des sächsischen Ministerpräsidenten Tillich, gefolgt von farblosen Schlussvorträgen beider Seiten. Das war's. Donnerstag, 3. März 2016, kurz nach sieben. Präsident Voßkuhle erklärt: *Die Verhandlung ist damit geschlossen. Ergänzende Stellungnahmen sind binnen sechs Wochen einzureichen. Wiedereintritt in die Verhandlung nur aus triftigem*

26 So der Titel des Berichts von Peter Carstens in der FAS vom 6. März 2016.

Grund.[27] Nach und nach erheben sich die Leute von ihren Plätzen, ein wenig benommen. In den Gesichtern allseits Erschöpfung – und die Erleichterung, drei volle Tage, an denen gut sieben Stunden verhandelt wurde, hinter sich zu haben.

Oben im Saal schwärmen die Kamerateams noch einmal aus; unten im Foyer flüchtige Wortwechsel über den dritten Tag und wie es jetzt wohl weiter geht. *Nein, zusätzliche Termine wird es nicht geben, die NPD hat doch nichts mehr auf der Pfanne!* Dann war das also schon der ganze NPD-Prozess? *Ja, was denken Sie denn?* Und was kommt dabei heraus? *Ein Verbotsurteil! Was denn sonst?*

V. Der staatspolitische Druck: Verbieten oder Standhalten?

Davon, dass dieser Prozess für die Verbotsbetreiber denkbar schlecht gelaufen ist, drang erstaunlich wenig an die Öffentlichkeit. Nach Ursula Knapp, *Frankfurter Rundschau*, „wird (es) eng für die NPD“. Heribert Prantl, in dieser Frage alles andere als „linksliberal“, blieb sich treu: „Ist die NPD… so gefährlich, dass sie verboten werden muss? Es wäre gut, wichtig und richtig, wenn das Gericht mit ›Ja‘ antwortet.“ Christian Rath bilanzierte: „NPD vor dem Aus“.[28] Und Dietmar Hipp vom *SPIEGEL* erklärte zwar ein Verbot für „zweitrangig“, möchte aber den Unterschied zwischen Freund und Feind geklärt haben – nämlich die Grenze „zwischen denen, die trotz aller… Fundamentalkritik immer noch auf dem Boden des Grundgesetzes stehen, und denen, die… das gegenwärtige politische System durch eine völkische Herrschaft… ersetzen wollen.“[29] Heinrich Wefing, für die *ZEIT* vor Ort, resümierte dagegen: „Im Grunde war das gesamte Verfahren eine… Demonstration der Gelassenheit. Der Stärke. Der Unbeirrtheit des Rechtsstaates. Die Frage ist allein, ob die Richter den Mut finden werden, mit dieser Gelassenheit auch ihr Urteil zu formulieren.“[30]

Eingedenk des staatspolitischen Erwartungsdrucks scheint die Verbotslogik zwingend: Der Antrag ist nun einmal gestellt und muss jetzt, Zweifel hin oder her, auch Erfolg haben! Man kann doch „den Staat“ nicht abermals blamieren! Und die NPD ist nun wirklich zu unappetitlich braun für einen „Persilschein“! Was soll die Öffentlichkeit denken, wenn Karlsruhe gerade jetzt eine rechtsradikale Partei „freispricht“? Ein fatales Signal an AfD, Pegida und Konsorten!

Es stimmt, der politische Druck, der auf dem Gericht lastet, ist schwer. Aber was folgt daraus? Dass die Richter und Richterinnen ihm nachgeben? Dass sie sich zu Erfüllungsgehilfen eines miserablen Antrags machen lassen? Man traut ihnen offenbar wenig zu. Warum sollten sie in einer politisch heiklen Frage nicht imstande sein, die eigene

27 Die Schriftsätze, die beide Seiten nachreichten, geben keinen Anlass, erneut zu verhandeln.

28 Vgl. *U. Knapp,* Es wird eng für die NPD. In: FR vom 5. März 2016; *Prantl,* Auf dem Reichsparteitagsgelände. In: SZ vom 4. März 2016; *Rath,* NPD vor dem Aus. In: www.lto.de vom 4. März 2016.

29 Was man gerade noch sagen darf. In: SPIEGEL online vom 4. März 2016.

30 Nur jämmerlich. In: ZEIT online vom 3. März 2016.

Urteilskraft zu schärfen? So gesehen wäre der verbreitete Kurzschluss zwischen Erwartungsdruck und Verbotsurteil eine Projektion derer, die solchem Druck nachgeben würden.

Wir wissen nicht, wie das Karlsruher Orakel sprechen wird. Doch eine gute Frage, heißt es, ist schon die halbe Antwort. Wir haben in diesen Tagen viele gute Fragen gehört: aufdeckende und konfrontierende, insistierende und bohrende. Sollte das hohe Problembewusstsein, das daraus spricht, auch nur halbhohe „Hürden“ errichten, dann bahnt sich für den Bundesrat eine herbe Niederlage an. Kurz und gut: Wenn uns nicht alles täuscht, wird es kein Verbotsurteil geben. Wohl aber eines, das – weit über den armseligen Fall der NPD hinaus – die Parteienfreiheit stärkt und ihre Grenzen konturiert.[31]

Zu den Kardinaltugenden eines Verfassungsgerichts zählt die wohlbegründete Bereitschaft, herrschende Politik an den Freiheitsrechten von Minderheiten scheitern zu lassen. Wo, wenn nicht in Sachen Parteiverbot, wäre das Verfassungsgericht gehalten, dem Drängen der Mehrheitsparteien das Recht auf Opposition entgegenzuhalten? Der ehemalige Verfassungsrichter Dieter Grimm erklärte, dass Distanz zur Politik die Voraussetzung ihrer Kontrolle ist:

> „Diejenige Institution, die die Rechtsbindung der Politik durchsetzen soll, darf nicht die Politik in sich wiederholen, sondern muß gerade die systembedingten Defizite des zunehmend professionalisierten Politikbetriebes ausgleichen, indem sie die überparteilich gültigen Prinzipien der Verfassung hochhält. Kein noch so erwünschter Momentsvorteil wäre es wert, daß das Gericht davon abginge.“[32]

Nur zu! Leitplanken für härtere Zeiten kann diese Gesellschaft gut gebrauchen.

---

31 Starke Zweifel an einem Verbotsurteil äußert auch *Renate Künast*, NPD-Verbotsverfahren: Lehren aus drei Tagen mündlicher Verhandlung. In: Deutsche Richterzeitung 4/2016.

32 *Grimm*, Politikdistanz als Voraussetzung von Politikkontrolle. In: ders., Die Verfassung und die Politik (2001), S. 191.

„Hohe Hürden“ sehen anders aus. Kritik des Urteils*

Aber kann Demokratie tolerant bleiben, wenn sie sich gegen anti-demokratische Umtriebe verteidigen muß? Sie kann es! In dem Maße, als sie friedliche Äußerungen anti-demokratischer Anschauungen nicht unterdrückt. Gerade durch solche Toleranz unterscheidet sich Demokratie von Autokratie.

Hans Kelsen (1953)[1]

Parteien, die nach ihren Zielen oder nach dem Verhalten ihrer Anhänger darauf ausgehen, die freiheitliche demokratische Grundordnung zu beeinträchtigen oder zu beseitigen [...], sind verfassungswidrig. Über die Frage der Verfassungswidrigkeit entscheidet das Bundesverfassungsgericht.

Artikel 21 II des Grundgesetzes von 1949

Jede Verfassung ist nur so gut wie ihre Interpreten.

Andreas Voßkuhle (2010)[2]

Ein Urteil wird gewöhnlich nach seinem „richtigen“ oder „falschen“ Ergebnis beurteilt, danach, ob es eher Zustimmung oder Ablehnung erfährt. Während die Leute ihrem Rechtsgefühl freien Lauf lassen, sprechen Juristen von „vertretbar“ oder rügen einen fragwürdigen Umgang mit ihrem Handwerkszeug. Das Urteil in Sachen NPD hat, finden wir, ein zweifellos richtiges, ja man darf in diesem Fall sagen: das einzig richtige Ergebnis. Gar nicht auszudenken, um welchen Preis geistiger Akrobatik ein Verbotsurteil gefällt worden wäre! Daher kann man das Gericht nur dazu beglückwünschen, dass es dem öffentlichen Druck nicht nachgab, sondern wenigstens im Ergebnis souverän urteilte. Vertieft man sich aber in die verschachtelten Gründe, so stellt man fest, dass diese recht durchwachsen sind.

„Weil der Fall der NPD so wenig hergibt, hat dieser Prozess im Grunde keinen triftigen Anlass“, schrieben wir unmittelbar vor Beginn des Prozesses: „Das Beste, worauf man hoffen darf, ist eine aufgeklärte Lesart des Verbotsartikels.“[3] Es sollte anders kommen. Das Urteil krankt an Maßstäben, die dem Präventionsdogma der deutschen „streitbaren“ Demokratie verhaftet bleiben. Diese sind vertretbar, weil sie sich auf den aus-

* Zuerst in: RuP 2/2017, 145 ff. und 3/2017, 324 ff. *Wir danken Ralf Dreier (Göttingen) für Lektüre & Kritik.*

1 Was ist Gerechtigkeit? [1953], 2. Aufl. 1975, S. 42.

2 Stabilität, Zukunftsoffenheit und Vielfaltssicherung, in: Hillgruber/Waldhoff (Hrsg.), 60 Jahre Bonner Grundgesetz (2010), S. 97 ff., 99.

3 Teil 1 in RuP 1/2016, 5.

getretenen Pfaden der „herrschenden Meinung“ bewegen.[4] Sie überzeugen aber nicht, misst man sie an der Erwartung, das Verfassungsgericht werde seine Verbotsurteile der 1950er Jahre einer kritischen Reflexion unterziehen; es werde aus einem Grundgesetzartikel des Jahres 1949 moderne liberale Maßstäbe entwickeln. Es werde, kurz gesagt, den Schritt wagen von der Fixierung auf verfassungswidrige Ziele und Absichten hin zu einer verhaltensbezogenen Gefahrenabwehr. Diese Chance wurde vertan. Was im armseligen Fall der NPD nicht zu Buche schlägt, könnte schon beim nächsten Mal gravierende Folgen haben.

Wo das richtige Ergebnis nicht genügt, kommt alles auf die Gründe an. Diese nehmen wir im Folgenden unter die Lupe, ohne die Argumentation im Einzelnen auszuschöpfen.[5] Nach kurzen Anmerkungen zur aktuellen Rezeption des Urteils und zur Feindrhetorik (I.) versuchen wir, die zentralen juristischen Argumentationslinien transparent zu machen (II.). Es folgt eine erste Einschätzung der Verbotsgründe: Auffälligkeiten und Defizite (III.). Der Hauptteil, in dem wir die normativen Prämissen analysieren, rekapituliert vorab das völlig ausgeblendete Grundproblem des Parteiverbots: Opposition und Verfassungstreue (IV.). Sodann nehmen wir die vom Gericht postulierte „restriktive Auslegung“ in den Blick und zeigen, wie bescheiden deren Früchte sind. Daran anknüpfend kritisieren wir Maßstäbe, die auf eine erstaunlich niedrige Eingriffsschwelle hinauslaufen. Das gilt selbst für die neugeschöpfte „Potentialität“ des „Darauf Ausgehens“, die eine konkrete Gefahrenlage nicht ersetzen kann (V.). Wäre 1952, gemessen an ihrer „Potentialität“, die SRP oder 1956 die KPD verboten worden? Am Fall der AfD machen wir die Probe aufs Exempel: Nach den Maßstäben des NPD-Urteils bewegt sich wenigstens ihr völkischer Flügel innerhalb der Verbotszone. Nicht nur deswegen bleibt das Parteiverbot ein deutsches Problem, das viele mit einer Lösung verwechseln (VI.). Der legale Handlungsspielraum von Opposition muss weit offen gehalten werden. In diesem Sinne resümieren wir die Gewaltgrenze und andere „Grenzmarken“ der Verfassung: kein Verbot darf sich allein auf friedlich-legale Parteiaktivitäten stützen (VII.). Schließlich erinnern wir an das „Betriebsrisiko“, das der Demokratie innewohnt, und plädieren für ein konfliktorientiertes Verfassungsverständnis, das radikale Kritik bis hin zur Fundamentalopposition nicht ausgrenzt, sondern zu integrieren weiß: politische Einheit im Dissens (VIII.). Unser Ausblick gilt dem Geheimnis des Glücks und der Freiheit (IX.).

4 Zum Widerpart der „hM“ vgl. *Jost*, Die Mindermeinung, in Festschrift für Hubert Rottleuthner (2011), S. 142 ff.

5 Wir klammern die *V-Leute-Problematik* und die daraus folgende Frage nach *Verfahrenshindernissen* aus; vgl. *Lichdi/Meier*, Rechtsstaatliche Realsatire, tageszeitung (taz) vom 30. 3. 2015. Zur Frage der *Befangenheit* der Richter Müller und Huber vgl. *dies.*, Besorgnis der Befangenheit?, tageszeitung (taz) vom 19. 1. 2016; zu den später gestellten Befangenheitsanträgen vgl. Rn. 349.

I. Erste Reaktionen und Feindrhetorik

1. Presseschau: „Höchststrafe für die NPD“

Die ersten Reaktionen auf das Urteil waren davon geprägt, ein Ergebnis, das sich angebahnt hatte, doch „der eine oder andere als irritierend“ empfand, zu verarbeiten.[6] Die rechtspolitischen Fronten sind meist recht überschaubar, hier indes geriet die übliche Schlachtordnung durcheinander.

Die *FAZ* (Reinhard Müller) feierte, emphatisch wie selten („Was für ein Zeichen!“) ein „Urteil für die Freiheit“ und zeigte sich beeindruckt von einem „bemerkenswerte(n) Signal“, nämlich der „Aufforderung zum Diskurs und nicht zum Verbieten“: „Das ist der Geist des Grundgesetzes.“ Unterdessen traf die Berichterstatterin der FAZ (Helene Bubrowski) ins Schwarze: „Erlaubt ist, was schwach ist“. Das Feuilleton sekundierte: „Verfassungsgericht schrumpft NPD auf Normalmaß“.[7] Die *SZ* war in sich uneins: Heribert Prantl verwarf das Urteil als „falsch“, vermisste ein „Signal“ gegen den „aggressiven Rechtspopulismus“, ritt abermals auf einem „vorbeugenden Opferschutz“ herum und verstieg sich in die Behauptung, die NPD „hätte verboten werden können und müssen – nicht, obwohl sie derzeit klein und bei Wahlen unbedeutend ist, sondern gerade deswegen“. Der Berichterstatter der SZ (Wolfgang Janisch) dagegen sah es so: Eine der „interessantesten Wendungen des Urteils“ liegt darin, dass es sich vom KPD-Urteil distanziert, das seinerzeit an eine vermeintlich gefährliche „Gesinnung“ anknüpfte; es klingt daher in Janischs Ohr „wie ein urliberales Zeichen“.[8] Die *FR* würdigte „neue Maßstäbe für künftige Parteienverbote“, blickte auf der ersten Seite gleich nach vorn („Berlin will der NPD ans Geld“) und brachte ein Interview mit einer linken Landtagsabgeordneten: „Die Radikalisierung läuft längst über die AfD“.[9] Ähnlich las sich der Fall im *Tagesspiegel*; dort lobte Jost Müller-Neuhof „ein Urteil für die Zukunft“: „Alle Vorarbeiten sind geleistet.“[10] *Die Welt* hingegen (Torsten Krauel) zeigte sich besorgt, dass das Gericht „seine Rechtsprechung aus den 50er-Jahren auf den Kopf gestellt“ habe, sah eine Tendenz am Werke, „den politischen Meinungskampf weitaus höher zu gewichten als die politische Prävention“ und resümierte: „Karlsruhe hat Mut bewiesen – und Leichtsinn“.[11]

Die *NZZ* (Peter Rásonyi) erklärte unumwunden: „Das Urteil ist richtig“, die „rechtsextreme Splitterpartei NPD hat nicht genug Gewicht“, um einen „gravierenden

6 „Die NPD ist zu unbedeutend für ein Verbot“, berichtete die Frankfurter Rundschau (FR) am 31.12.2016; Einführung *Voßkuhle*, 5.

7 Frankfurter Allgemeine Zeitung (FAZ) vom 18.1.2017: „Für die Freiheit“ / „Erlaubt ist, was schwach ist“.

8 Süddeutsche Zeitung (SZ) vom 18.1.2017: „Braun bleibt“ / „Vom Scheinriesen zum braunen Zwerg“.

9 Alle Beiträge in der Frankfurter Rundschau (FR) vom 18.1.2017.

10 Der Tagesspiegel vom 18.1.2017: „So sehen Siege aus“.

11 Die Welt vom 18.1.2017: „Mutig – und leichtsinnig“.

rechtsstaatlichen Eingriff" zu rechtfertigen. „Von dieser Partei hat Deutschland derzeit nichts zu befürchten", resümierte der Schweizer Kommentator: „Es entbehrt nicht der Ironie, dass ausgerechnet der Aufstieg der von den großen Volksparteien und den meisten Medien als rechtsextrem ausgegrenzten AfD ein wesentlicher Faktor für die weitgehende Neutralisierung der NPD gewesen ist."[12]

Am besten gefällt uns die Schlagzeile der *taz*, geradezu eine Trouvaille für die Journalistenausbildung: *„Höchststrafe für die NPD"* (Christian Rath). Das ist es! Die gnadenlose Höchststrafe einer nicht enden wollenden Legalität haben jene, die sich „Nationaldemokraten" nennen, wirklich verdient. Anders und mit der *FR* gesagt (Christian Bommarius): „Die NPD darf weitersterben."[13]

2. Juristische Literatur: „Ende des Parteiverbots eingeläutet"?

Einige Wochen nach der Tagespublizistik kommt die Karawane der juristischen Literatur in Sicht. Die ersten Beiträge fallen gemischt aus. Jörn Ipsen, sichtlich enttäuscht, diagnostiziert, das Urteil müsse „bei der Politik wie bei der Wissenschaft in seiner inneren Widersprüchlichkeit auf Ratlosigkeit stoßen" – und sieht im Übrigen schwarz: Das Gericht habe „das Ende des Parteiverbots eingeläutet. (...) Mit dem zusätzlichen Tatbestandsmerkmal der ›Potentialität‹ hat der Senat (...) eine Hürde errichtet, die kaum zu überwinden sein wird. (...) Man muss kein Prophet sein, um festzustellen, dass das (BVerfG) ...das Parteiverbot (...) der Verfassungsgeschichte überantwortet hat."[14]

Christoph Gusy hingegen stimmt dem Urteil verhalten-kritisch zu. Das Gericht begründe „eindringlich den gegen das Grundgesetz gerichteten Charakter des NPD-Parteiprogramms". Die fdGO-Interpretation begrüßt er als „ein „Grund- und Bürgerrechtskonzept", das „inklusiv" sei. Und er lobt das Novum einer „Wahrscheinlichkeitsprognose", die sich der Rechtsprechung des Europäischen Gerichtshofs für Menschenrechte (EGMR) annähere. Allerdings hält er fest: „Die Figur der verfassungswidrigen, aber nicht verbotenen Partei ist ebenso offen wie klärungsbedürftig."[15] Thomas Jacob, derzeit wissenschaftlicher Mitarbeiter von Verfassungsgerichtspräsident

12 Neue Zürcher Zeitung (NZZ) online vom 17. 1. 2017.

13 Frankfurter Rundschau (FR)-Kommentar ebenfalls in der Berliner Zeitung vom 18. 1. 2017. Vgl. außerdem *Reif-Spirek*, Zweites Scheitern – wie Karlsruhe die NPD nicht verbietet und doch die Demokratie stärkt. In: spw 1/2017, 19 ff. und *Jesse*, Der liberale Rechtsstaat hat gesiegt, in: Politikum 2/2017, 72 ff.

14 Verfassungswidrig, aber nicht verboten, RuP 2017, 3 ff., 7, 8.

15 Verfassungswidrig, aber nicht verboten!, NJW 2017, 601, 602. – Weil das Gericht die Verfassungswidrigkeit mangels „Potentialität" nicht feststellte, ist die NPD keine „verfassungswidrige, aber nicht verbotene", sondern nach wie vor eine legale Partei. Das Entscheidungsmonopol besagt, dass niemand vor einem Verbot die Verfassungswidrigkeit „rechtlich geltend machen" darf (vgl. Rn. 526); „verfassungsfeindlich" ist kein Rechtsbegriff, sondern einer des politischen Kampfes. – „Die Partei handelt, auch wenn sie verfassungsfeindliche Ziele propagiert", so BVerfGE 107, 339, 362, „im Rahmen einer verfassungsmäßig verbürgten Toleranz".

Voßkuhle, findet schon den Umfang der „lange erwartete(n) Sachentscheidung (...) beeindruckend“ – und kann dem Urteil noch manch anderen positiven Aspekt abgewinnen. Das Gericht habe zwischen präventivem Verbot und politischer Auseinandersetzung „einen dritten (...) Weg“ gewählt: „Zwar sei die NPD nach Inhalt und Ausrichtung verfassungsfeindlich, doch reiche das von ihr derzeit ausgehende Bedrohungspotenzial nicht für ein Verbot“. Jacob bescheinigt dem Gericht, es habe „umfassende Ausführungen zu Systematik und Tatbestand“ des Verbotsartikels angestellt, „die über den konkreten Fall hinaus zu einer Konturierung“ beitragen.[16]

3. Feindrhetorik

„Den Feind erkennen – den Feind benennen“, das ist kein Leitsatz aus dem NPD-Urteil, sondern eine Tageslosung, die der angeklagten Partei vorgeworfen wird.[17] Und zwar von jenen, die als Gralshüter der „freiheitlichen demokratischen Grundordnung“ (fdGO) auftreten und dabei, ohne es recht zu merken, in den Jargon der innerstaatlichen Feinderklärung verfallen. Wir zählen allein in den eigentlichen Urteilsgründen mehr als fünfzig Treffer: verfassungs*feindliche* Bestrebungen, verfassungs*feindliche* Ziele, verfassungs*feindliche* Absichten allerorten. Daneben wirkt der ebenfalls verwendete Begriff „verfassungs*widrig*“ wie ein Mauerblümchen. Das ist mehr als ein Stilproblem. Es bestätigt eine traurige Erfahrung, die besagt: Wo immer die deutsche „Grundordnung“ in Stellung gebracht wird – wir erinnern nur an den so genannten „Radikalenerlass“ von 1972 –, kommen ihre Freunde eher früher als später auf die „Feinde“ dieser Ordnung zu sprechen. Auf rechte oder linke Verfassungsfeinde, deren bürgerliche Rechte zur Disposition stehen. Dabei ist in Artikel 21 II GG von „verfassungs*widrigen*“ Parteien die Rede. Daran kann man sich halten, ohne den Gegnern der Demokratie das Geringste zu schenken.

Wenigstens das aber hätte den Richterinnen und Richtern des Jahres 2017 nicht unterlaufen dürfen: schon im ersten Leitsatz ihres Urteils von „organisierten Feinde(n)“ und deren „verfassungsfeindlicher Grundtendenz“ zu sprechen.[18] Carl Schmitt lässt grüßen! Nun wäre dieser Staatstheoretiker sicher der letzte Gewährsmann, auf den man sich heute in Karlsruhe berufen würde; umso bedauerlicher ist es, dass mit der so arglosen Sprache das Denken in den Strudel der Freund-Feind-Doktrin gerät. Dieser Mangel an Distanz rächt sich, wie wir sehen werden; niemand mobilisiert ungestraft

16 Das NPD-Urteil des BVerfG, in: juris Die Monatszeitschrift, jM 3/2017, 110 ff., 111 und 112; außerdem *Warg*, Nur der Kern des demokratischen Rechtsstaats – die Neujustierung der fdGO im NPD-Urteil vom 17.1. 2017, in: NVwZ Beilage 2/2017, 42 ff.

17 Vgl. Rn. 193, 370, 998 (ähnlich 730 und 863); „anknüpfend an nationalsozialistische Feindbilder“ 750. – Wir zitieren das NPD-Urteil vom 17. 1. 2017 nach dem Umdruck der Pressestelle.

18 Ebenso in Rn. 405 und 586; diese Rhetorik setzt sich fort in der Pressemitteilung Nr. 4/2017 und der „Einführung“ des Vorsitzenden; vgl. bereits BVerfGE 107, 339, 369.

„Legitimität gegen Legalität".[19] Es wäre zwar naiv zu verkennen, dass es selbsterklärte Feinde der westlichen Demokratien gibt. Es charakterisiert aber gerade den demokratischen Verfassungsstaat, Fanatikern und Terroristen in den Formen des Rechts entgegenzutreten.[20]

II. Zentrale Argumentationslinien des Urteils

Kritik muss ihren Gegenstand treffen, also genau kennen. Das ist bei einem Dreihundert-Seiten-Urteil leichter gesagt als getan; selbst die von der NJW präsentieren Auszüge füllen über fünfzig Seiten.[21] Wir versuchen im Folgenden – was die normativen Eingriffsvoraussetzungen und den empirischen Fall betrifft –, die zentralen Argumentationslinien heraus zu präparieren.

1. Entstehungsgeschichte und „streitbare" Demokratie

Bevor das Gericht die eigentlichen Maßstäbe des Art. 21 II GG entwickelt, nimmt es eine „systematische Einordnung"[22] vor und präsentiert das geschichtsteleologische Narrativ vom Ende Weimars. Es mündet bekanntlich in den Lernerfolg der so genannten „streitbaren" Demokratie[23]: Das Parteiverbot des Grundgesetzes von 1949 wird als der Versuch gewürdigt, „strukturelle Voraussetzungen zu schaffen, um eine Wiederholung der Katastrophe des Nationalsozialismus und eine Entwicklung des Parteiwesens wie in der Endphase der Weimarer Republik zu verhindern". Unter Berufung auf eine Formel des KPD-Urteils – „keine unbedingte Freiheit für die Feinde der Freiheit"[24] – betont das Gericht: Um Demokratie „dauerhaft zu etablieren", muss dem Missbrauch der Parteienfreiheit „zur Abschaffung dieser Ordnung" vorgebeugt werden.[25] Für den Begriff der „streitbaren" Demokratie stützt sich das Gericht nahezu wortwörtlich auf eine zentrale Passage des KPD-Urteils: Das Grundgesetz nimmt aus dem Pluralismus der Ziele und Parteien „gewisse Grundprinzipien der Staatsgestaltung", gleichsam „absolute Werte", heraus und verteidigt diese „entschlossen gegen alle Angriffe". Demgemäß ist das Parteiverbot ein bewusster Beitrag zur „Lösung eines Grenzproblems" der Demokratie, das heißt „Niederschlag der Erfahrungen eines

19 Dazu *Hasso Hofmann*, Legitimität gegen Legalität (2002); die „abgeschwächten Formen der hostis-Erklärungen", zu denen Schmitt u. a. „Organisations- und Versammlungsverbote" zählt, erläutert *Volker Neumann*, Feinderklärung gegen rechts?, in: Leggewie/Meier (Hrsg.), Verbot der NPD oder Mit Rechtsradikalen leben? (2002), S. 155 ff.

20 Vgl. *Leggewie*, Anti-Europäer. Breivik, Dugin, al-Suri & Co. (2016) und *Horst Meier*, Feindstrafrecht?, in: ders., Protestfreie Zonen? (2012), S. 174 ff.

21 Vgl. NJW 2017, 611–662; kommentierte „Leitsätze" und „Orientierungssätze" bietet juris.

22 Inhaltsverzeichnis, Teil C. I.

23 Vgl. Rn. 516 und 583.

24 Rn. 514 (Die Angabe bezieht sich im Folgenden auf alle Zitate, die der jeweiligen Fußnote vorangehen).

25 Rn. 515.

Verfassungsgebers“, der 1949 „das Prinzip der Neutralität des Staates gegenüber den politischen Parteien nicht mehr rein verwirklichen zu dürfen glaubte, Bekenntnis zu einer – in diesem Sinne – streitbaren Demokratie“.[26]

2. Gebot der restriktiven Auslegung

Bevor das Gericht mit seiner Interpretation ins Detail geht, präsentiert es das Gebot der „restriktiven“ Auslegung. Hergeleitet wird dieses aus dem „Regel-Ausnahme-Verhältnis“ zwischen Parteienfreiheit und Verbot: Das Grundgesetz ist gekennzeichnet durch seine „Grundentscheidungen“ für die Offenheit des politischen Prozesses sowie für die Meinungs- und Parteienfreiheit. Es vertraut auf die Kraft der „ständige(n) geistige(n) Auseinandersetzung“; diese ist auch gegen totalitäre und menschenverachtende Ideologien die „wirksamste Waffe“. Ein Verbot „stellt demgemäß einen schwerwiegenden Eingriff“ dar, der „nur unter besonderen Voraussetzungen gerechtfertigt sein kann“. Der Verbotsartikel ist „als ›demokratieverkürzende Ausnahmenorm‘ zurückhaltend anzuwenden“. Es bedarf daher „einer restriktiven Auslegung der einzelnen Tatbestandsmerkmale der Norm, die dem Regel-Ausnahme-Verhältnis (…) Rechnung trägt“.[27]

3. Formel der „freiheitlichen demokratischen Grundordnung“

Nunmehr beginnt die dogmatische Feinarbeit an den tatbestandlichen Voraussetzungen eines Verbots.[28] Das Gericht referiert die Entwicklung der fdGO-Formel, wie sie, ausgehend von den Urteilen gegen SRP und KPD, später ergänzt wurde, etwa um das Grundrecht der Meinungsfreiheit.[29] Es nimmt für sich in Anspruch, mit den „Kernelementen“ Menschenwürde, Demokratie und Rechtsstaat eine minimalistische Version des fdGO-Begriffs vorzulegen. „Ein derartiger reduzierter Ansatz erscheint nicht zuletzt durch den Ausnahmecharakter des Parteiverbots geboten.“[30]

Das „kritische Hinterfragen einzelner Elemente der Verfassung“ muss möglich sein, versichert das Gericht: Ein Parteiverbot „kommt erst in Betracht, wenn dasjenige in Frage gestellt und abgelehnt wird, was zur Gewährleistung eines freiheitlichen und demokratischen Zusammenlebens schlechthin unverzichtbar ist und daher außerhalb jedes Streits stehen muss“.[31]

26 Rn. 516.

27 Rn. 524.

28 Vgl. Teil C. II. = Rn. 528–606.

29 Vgl. Rn. 529–534.

30 Zu diesen „Kernelementen“ (Rn. 534 – Synonyme: „Grundprinzipien“ 536, „Mindestgehalt“ 537, „Wesenselemente“ 556) vgl. Rn. 538 ff., 542 ff., 547.

31 Rn. 535.

4. Beseitigen oder Beeinträchtigen

Weil das Gericht „bisher auf eine strikte Unterscheidung der Begriffe verzichtet" und stattdessen auf eine Untergrabungs- und Zersetzungsmetaphorik zurückgegriffen hat, stellt es nunmehr begrifflich klar: „Bei differenzierter Betrachtung bezeichnet der Begriff des ‚Beseitigens' die Abschaffung zumindest eines der Wesenselemente" der fdGO oder „deren Ersetzung durch eine andere Verfassungsordnung oder ein anderes Regierungssystem".[32] Dem Begriff des Beeinträchtigens kommt „ein eigenständiger", den Anwendungsbereich des Parteiverbots „erweiternder Regelungsgehalt" zu.[33] Von einem Beeinträchtigen ist auszugehen, „wenn eine Partei nach ihrem politischen Konzept mit hinreichender Intensität eine spürbare Gefährdung" der fdGO „bewirkt". Eine solche liegt daher „bereits vor, wenn eine Partei (...) qualifiziert die Außerkraftsetzung der bestehenden Verfassungsordnung betreibt". Dafür reicht es aus, dass sie sich inhaltlich „gegen eines der Wesenselemente" der fdGO „wendet", dass sie dieses „ablehnt und bekämpft". Allerdings ist „nicht jede verfassungswidrige Forderung" verbotsrelevant.[34]

5. Ziele

Ziele definiert das Gericht als den „Inbegriff dessen, was eine Partei politisch anstrebt", einerlei, ob es sich um „Nah- oder Fernziele" handelt. Sie ergeben sich aus dem Programm, sonstigen Schriften, Reden führender Funktionäre und dem Schulungs- und Propagandamaterial.[35] Entscheidend sind dabei, so das Gericht, die „wirklichen" Ziele, „nicht die vorgegebenen". Daher ist es nicht erforderlich, „dass eine Partei sich offen zu ihren verfassungswidrigen Zielsetzungen bekennt".[36]

6. Verhalten der Anhänger

Das Gericht betrachtet das gegen die fdGO gerichtete „Verhalten" der Parteianhänger aus der Perspektive ihrer Ziele: „Neben ihrer Programmatik können sich die Absichten der Partei im Verhalten ihrer Anhänger spiegeln." Anhänger sind „alle Personen, die sich für eine Partei einsetzen und sich zu ihr bekennen", ohne Mitglieder zu sein.[37] Der Begriff des „Verhaltens" wird nicht eigens definiert, sondern nur en passant mit dem Begriffspaar „Äußerungen oder Handlungen"[38] umschrieben. Ob ein Verhalten der Partei und ihrer „Grundtendenz" zugerechnet werden kann, ist differenziert zu betrachten:

---

32 Rn. 549 f.

33 Rn. 551.

34 Zitate Rn. 556.

35 Rn. 558.

36 Rn. 559.

37 Zitate Rn. 560.

38 Rn. 563.

Erstens: Ohne weiteres zuzurechnen ist die Tätigkeit der Parteiführung und leitender Funktionäre sowie offizieller Publikationsorgane.[39]

Zweitens: Bei „Äußerungen oder Handlungen“ einfacher Mitglieder ist eine Zurechnung nur möglich, wenn diese „in einem politischen Kontext stehen“ und die Partei sie „gebilligt oder geduldet“ hat, obwohl ein Parteiausschluss oder Ordnungsmaßnahmen „möglich und zumutbar“ wären.[40]

Drittens: Bei Anhängern, die nicht Mitglieder sind, ist grundsätzlich irgendeine – durch „konkrete Tatsachen“ belegbare – „Beeinflussung oder Billigung ihres Verhaltens“ durch die Partei „notwendige Bedingung für die Zurechenbarkeit“. Nur dann ist es „Ausdruck des Parteiwillens“.[41]

Viertens: Straftaten von Parteianhängern sind „nur relevant“, wenn sie einen „politischen Hintergrund“ haben, also die „verfassungsfeindlichen Bestrebungen“ der Organisation belegen. Außerdem können „Einzeltaten oder die Taten weniger“ nicht zugerechnet werden, solange sie nicht „Ausdruck des Parteiwillens“ sind.[42]

Fünftens: „Die pauschale Zurechnung von Straf- und Gewalttaten ohne konkreten Zurechnungszusammenhang scheidet aus.“ In explizitem Gegensatz zu den Verbotsbetreibern erklärt das Gericht: „Insbesondere erlaubt (…) die Schaffung oder Unterstützung eines bestimmten politischen Klimas allein nicht die Zurechnung strafbarer Handlungen, die in diesem politischen Klima [von Dritten] begangen werden.“[43]

Sechstens: „Parlamentarische Äußerungen“ können der Partei zugerechnet werden. Der Grundsatz der Indemnität schützt zwar ihre Abgeordneten vor jeder außerparlamentarischen Beeinträchtigung, selbst wenn diese nur mittelbar eintritt (Mandatsverlust durch Parteiverbot). Weil aber das Gericht die „Grundentscheidung der Verfassung für die ‚streitbare Demokratie'“ berücksichtigen und zwischen Indemnität und Parteiverbot „praktische Konkordanz“ herstellen will, dürfen parlamentarische Äußerungen verwertet werden.[44]

7. „Darauf Ausgehen“

Bei der Interpretation dieses Tatbestandsmerkmals führt das Gericht eine neue verfassungsrechtliche Kategorie ein, die „Potentialität“. Auch ansonsten handelt es sich um ein Kernstück der Begründung, um eine Passage, die den Fall im Ergebnis entschei-

39 Vgl. Rn. 562.

40 Rn. 563.

41 Rn. 564.

42 Rn. 565.

43 Rn. 566.

44 Rn. 567 – „Konkordanz“ könnte nämlich auch zugunsten der Parteienfreiheit und der Indemnität von Mandatsträgern hergestellt werden; schließlich steht die nicht sanktionierbare Redefreiheit im Parlament am Anfang aller Redefreiheit.

det.[45] Das Gericht entwickelt seine Argumentation, dass eine gegen die fdGO gerichtete „Zielsetzung" nicht ausreicht[46], in fünf Schritten:

Erstens: kein Gesinnungs- oder Weltanschauungsverbot

Unter Rückgriff auf die der restriktiven Interpretation zugrundegelegte Regel-Trias (Offenheit der Willensbildung, politische Meinungsfreiheit und Parteienfreiheit)[47] erklärt das Gericht: Der „Eingriff in diese Verfassungsgüter" ist „nur zulässig, soweit der Schutzzweck (...) dies gebietet". Eine Partei muss sich daher „durch aktives Handeln für ihre Ziele" einsetzen.[48] Das Parteiverbot „sanktioniert nicht Ideen oder Überzeugungen", es „beinhaltet kein Gesinnungs- oder Weltanschauungsverbot, sondern ein Organisationsverbot". „Erst wenn eine Partei mit ihren verfassungsfeindlichen Zielen nach außen tritt" und gegen die fdGO „agiert", kommt ein „Einschreiten" in Betracht: „Die Partei muss also über das Bekennen ihrer eigentlichen (verfassungsfeindlichen) Ziele hinaus die Grenze zum Bekämpfen" der fdGO „überschreiten". „Nur ein Verständnis des ›Darauf Ausgehens‘", betont das Gericht, dass das „Überschreiten dieser Grenze" voraussetzt, „entspricht dem Gebot restriktiver Auslegung".[49]

Zweitens: Grenze zwischen Bekenntnis und Bekämpfung

Zur „Bestimmung der Grenze" zwischen „bloße(m) Bekenntnis" und „Bekämpfung" knüpft das Gericht an das KPD-Urteil an. Darin war 1956 über die bloße Ablehnung der „obersten Prinzipien" einer fdGO hinaus eine „aktiv kämpferische, aggressive Haltung gegenüber der bestehenden Ordnung" gefordert worden. Die Bekämpfung der Grundordnung muss „planvoll" durch „Handlungen" erfolgen, zum Beispiel durch „programmatische Reden" führender Funktionäre.[50]

Drittens: planvolles Vorgehen und qualifizierte Vorbereitungshandlung (keine Straftaten oder sonstigen Rechtsbrüche erforderlich)

Ein „planvolles Vorgehen" ist dadurch charakterisiert, dass es „im Sinne einer qualifizierten Vorbereitungshandlung" auf die Bekämpfung der fdGO „gerichtet" ist.[51] Es muss „kontinuierlich" auf ein der fdGO „widersprechendes politisches Konzept hingearbeitet" werden. Jede einzelne Handlung muss der Partei als „Grundtendenz" zugerechnet werden können.[52]

---

45 Vgl. Rn. 570–589.

46 Rn. 570 – vgl. Leitsatz 6 a) – d).

47 Vgl. Rn. 523.

48 Rn. 571.

49 Rn. 573.

50 Rn. 574.

51 Leitsatz 6 b).

52 Rn. 576.

Ein planvolles Vorgehen ist dann eine „qualifizierte Vorbereitung", wenn ein „zielorientierter Zusammenhang zwischen eigenen Handlungen" und dem Kampf gegen die fdGO vorliegt.[53]

Ein „strafrechtlich relevantes Handeln" zu fordern, „wäre mit dem präventiven Charakter der Norm nicht vereinbar". Dem „wehrhaften Verfassungsstaat" sollte es „frühzeitig" möglich sein, im Sinne der „Abwehr künftig möglicher Gefahren" einzugreifen. Das Handeln der Partei muss auch nicht „gesetzeswidrig" sein. Sodann resümiert das Gericht seine bisherige Interpretation des „Darauf Ausgehens" in folgenden Kernaussagen, die in den Leitsätzen fehlen:

> „Eine Partei kann auch dann verfassungswidrig sein, wenn sie ihre verfassungsfeindlichen Ziele ausschließlich [!] mit legalen Mitteln und unter Ausschluss jeglicher Gewaltanwendung verfolgt. Das Parteiverbot stellt gerade auch eine Reaktion auf die von den Nationalsozialisten verfolgte Taktik der ›legalen Revolution‹ dar, die die Machterlangung mit erlaubten Mitteln auf legalem Weg anstrebte. (…)
>
> Daher kann auch die Inanspruchnahme grundrechtlich geschützter Freiheiten verbotsrelevant sein. Die ›streitbare Demokratie‹ will gerade den Missbrauch grundrechtlich geschützter Freiheiten zur Abschaffung der Freiheit verhindern."[54]

Den illegalen Kampfmethoden kommt nur eine sekundäre, indizielle Bedeutung zu – als „gewichtige Anhaltspunkte" dafür, dass inhaltlich ein „Verstoß der Ziele" gegen die fdGO vorliegt; oder dass die Partei „auf die Verwirklichung dieser Ziele ausgeht".[55]

Viertens: keine konkrete Gefahr

Dass das planvolle und qualifizierte Handeln der Partei „bereits zu einer konkreten Gefahr" für die fdGO führt, „ist nicht erforderlich".[56] Zur Begründung stützt sich das Gericht auf Wortlaut, Systematik, Entstehungsgeschichte und Zweck. Dabei steht die aus der Genese abgeleitete Gefahrenvorsorge im Mittelpunkt: „Wehret den Anfängen!" Das Parteiverbot hat „seiner Natur nach den Charakter einer Präventivmaßnahme". Es zielt „nicht auf die Abwehr bereits entstandener, sondern auf die Verhinderung des Entstehens künftig möglicherweise eintretender Gefahren".[57] Anders gesagt: Als Maßnahme des „präventiven Verfassungsschutzes" soll es die „die Entstehung konkreter Gefahren (…) bereits weit im Vorfeld" verhindern.[58]

Dieser „Verzicht" auf eine konkrete Gefahr, erklärt das Gericht, entspricht dem Sinn und Zweck der „Vorschrift". Sie stellt sich dar als „Reaktion auf den Aufstieg des Nationalsozialismus und die (vermeintliche) Wehrlosigkeit der Weimarer Reichsverfassung gegenüber den Feinden der Demokratie". Das Parteiverbot „beruht auf der

53 Rn. 577.

54 Rn. 578 und 579.

55 Rn. 580.

56 Rn. 581.

57 Rn. 584.

58 Rn. 522.

historischen Erfahrung, dass radikale Bestrebungen umso schwieriger zu bekämpfen sind, je mehr sie an Boden gewinnen". Sein Konzept der Gefahrenvorsorge unterstreicht das Gericht mit dem Argument, dass sich der „Zeitpunkt, ab dem eine konkrete Gefahr vorliegt (...), regelmäßig nicht genau bestimmen" lässt. Müsste zulange „abgewartet" werden, könnte ein Parteiverbot möglicherweise „nicht mehr durchgesetzt werden".[59]

Fünftens: „Potentialität"

Allerdings kann ein „Darauf Ausgehen" – eingedenk des Ausnahmecharakters des präventiven Organisationsverbots – „nur angenommen werden, wenn konkrete Anhaltspunkte von Gewicht vorliegen", die einen Handlungserfolg „zumindest möglich" erscheinen lassen. „Potentialität"[60] in diesem Sinne heißt, dass eine Partei über „hinreichende Wirkungsmöglichkeiten" verfügt, die ihre Bestrebungen „nicht völlig aussichtslos" erscheinen lassen. Fehlt es daran, „bedarf es [nicht] des präventiven Schutzes der Verfassung durch ein Parteiverbot als schärfste und überdies zweischneidige Waffe des demokratischen Rechtsstaats gegen seine organisierten Feinde".

Explizite Korrekturen der eigenen Rechtsprechung sind äußerst selten. Umso bemerkenswerter ist, dass sich das Gericht von einem Präventionsexzess des KPD-Urteils distanziert: „An der hiervon abweichenden Definition im KPD-Urteil, nach der es einem Parteiverbot nicht entgegenstehe, wenn für die Partei nach menschlichem Ermessen keine Aussicht darauf besteht, dass sie ihre verfassungswidrige Absicht in absehbarer Zukunft werde verwirklichen können (...), hält der Senat nicht fest."[61] Das ist konsequent, denn „Potentialität" wäre andernfalls nicht einzuführen.

Ob ein „ausreichendes Maß" an Potentialität vorliegt, muss, so das Gericht, eine „wertende Gesamtbetrachtung" ergeben. Dabei sind die allgemeine Lage der Partei, „ihre Wirkkraft in die Gesellschaft" und „alle sonstigen Umstände" zu berücksichtigen. Was die „Erfolgsaussichten" angeht, ist einerseits die „bloße Beteiligung (...) am politischen Meinungskampf" zu beurteilen, andererseits auch die „Möglichkeit einer Durchsetzung der politischen Ziele (...) mit sonstigen Mitteln".[62]

Zu letzteren zählt „Gewalt oder die Begehung von Straftaten", was „eine gewisse Potentialität" indiziert: „Die Anwendung von Gewalt ist daher bereits für sich genommen hinreichend gewichtig", um Potentialität zu bejahen. Eben dieselbe Indizwirkung, erklärt das Gericht, gilt auch schon „unterhalb der Ebene strafrechtlich relevanten Verhaltens". Zum Beispiel dann, wenn die Partei „eine ‚Atmosphäre der Angst' oder der Bedrohung" schafft, die „geeignet ist, die freie und gleichberechtigte Beteiligung aller am Prozess der politischen Willensbildung nachhaltig zu beeinträchtigen".

59 Rn. 583.

60 Rn. 585.

61 Rn. 586.

62 Rn. 587.

Von Potentialität geht das Gericht bereits dann aus, wenn „derartige Beeinträchtigungen [nur] in regional begrenzten Räumen“ wirksam werden. Das „Agieren der Partei“ muss allerdings „objektiv geeignet“ sein, die „Freiheit der politischen Willensbildung“ zu beeinträchtigen. „Rein subjektive Bedrohungsempfindungen“ reichen nicht.[63]

Schließlich grenzt das Gericht seine Lesart des „Darauf Ausgehens“ von der Behauptung der Verbotsbetreiber ab, dass Äußerungen einer Partei stets darauf angelegt seien, verwirklicht zu werden. Diese „handlungsleitende Qualität“, so das Gericht, reicht als solche nicht. Denn was „bei den Äußerungen einer politischen Partei ausnahmslos der Fall“ ist, kann „konkrete Anhaltspunkte“ für eine Erfolgsaussicht nicht ersetzen.[64]

8. Wesensverwandtschaft mit dem Nationalsozialismus

Die Verbotsbetreiber hatten versucht, mit dem Argument der „Wesensverwandtschaft“ einen verbotsrelevanten Mehrwert zu erzielen. Dem erteilt das Gericht unter Berufung auf die restriktive Interpretation eine klare Abfuhr: Die „bloße Wesensverwandtschaft mit dem Nationalsozialismus“, sollte sie denn vorlegen, ersetzt nicht die Prüfung der „einzelnen tatbestandlichen Voraussetzungen“.[65] Die Norm wurde nicht „spezifisch antinationalsozialistisch“ ausgestaltet: „Folglich gelten für alle Parteien die gleichen“, im Verbotsartikel „festgeschriebenen Voraussetzungen“.[66]

Eine „Wesensverwandtschaft“ mit dem Nationalsozialismus ist zwar ein starkes Indiz für verfassungswidrige Ziele. Es kann aber die „handlungsbezogen(en)“ Voraussetzungen des „Darauf Ausgehens“ nicht ersetzen.[67]

9. Verhältnismäßigkeit

Das Gericht lehnt es unter Berufung auf die Genese des Parteiverbots ab, den Grundsatz der Verhältnismäßigkeit „eigenständig“ anzuwenden. Dies schließt aber nicht aus, die „Freiheitsgarantien“ des Grundgesetzes bei der Normauslegung mit dem „Schutzzweck (…) ‚ins Verhältnis zu setzen‘“.[68]

63 Rn. 588.

64 Rn. 589.

65 Rn. 593; zum Wunsiedel-Beschluss des Ersten Senats vgl. Rn. 596.

66 Rn. 597.

67 Rn. 598.

68 Rn. 602 („gesonderte“ Anwendung bzw. Anwendbarkeit in Rn. 599 bzw. 603).

10. Rechtsprechung des EGMR

Den Abschluss des normativen Teils bildet eine Serie von obiter dicta. Gleichsam auf Vorrat bescheinigt sich der Zweite Senat des deutschen Verfassungsgerichts, seine im NPD-Urteil „dargelegten Maßstäbe" seien mit der Rechtsprechung des Straßburger EGMR zu den Parteiverboten „ohne weiteres vereinbar".[69]

11. Fallbezug („Subsumtion")

Nach der abstrakt gehaltenen Aufbereitung der verfassungsrechtlichen Maßstäbe – bei der freilich ein hermeneutischer Seitenblick dem Fall gilt und das „juristisch Relevante" identifiziert –, wendet sich das Gericht der „Subsumtion" zu.[70] Die entscheidende Schlussfolgerung lautet: „Nach diesen Maßstäben ist der Verbotsantrag unbegründet." Die NPD „strebt zwar nach ihren Zielen und dem Verhalten ihrer Anhänger die Beseitigung" der fdGO an. Weil aber „konkrete Anhaltspunkte von Gewicht fehlen", die einen Erfolg „zumindest möglich" erscheinen lassen, sind die Aktivitäten der NPD kein „Darauf Ausgehen" im Sinne von Art. 21 II GG.[71]

Planvolle und qualifizierte Beseitigung der fdGO

Zunächst argumentiert das Gericht – auf einer rein inhaltlichen Ebene –, dass die Ziele der NPD mit den „Werten" der fdGO unvereinbar sind, ja diese beseitigen sollen. Der Schwerpunkt liegt auf der Menschenwürde, mit der das „politische Konzept" der sogenannten Volksgemeinschaft nicht vereinbar ist. Denn diese läuft darauf hinaus, unerwünschte Minderheiten willkürlich auszuschließen.[72] Außerdem wird der NPD eine „Verletzung des Demokratieprinzips"[73] sowie eine „Wesensverwandtschaft mit dem Nationalsozialismus"[74] bescheinigt.

Diese Beseitigung der fdGO wird auch planvoll im Sinne einer qualifizierten Vorbereitung angestrebt. *Planvoll*, weil sich die Partei zu solchen Zielen „bekennt" und „mit hinreichender Intensität" auf deren Erreichung hinarbeitet; *qualifiziert*, weil ihre ganzen Aktivitäten auf die angestrebte Beseitigung der fdGO ausgerichtet sind („zielorientierter Zusammenhang").[75] Bei dieser ausführlichen Prüfung werden Ziele und Verhalten nicht systematisch unterschieden, vielmehr wird Verhalten im Sinne sonstiger Propagandatätigkeit auf die dominierende Zielebene bezogen: in Gestalt von Reden, Flugblättern oder Äußerungen von Parlamentariern und Funktionären.

69 Vgl. Rn. 607–632.

70 Teil D. = Rn. 633–1008.

71 Rn. 633.

72 Vgl. Rn. 635 ff.

73 Vgl. Rn. 758 ff.

74 Vgl. Rn. 805 ff.

75 Rn. 845 und 577. Eine „qualifizierte Vorbereitung" wird nicht eigens geprüft, sondern eingangs nur kurz erwähnt (845); sie scheint im „planmäßige(n) Hinarbeiten" aufzugehen (vgl. Inhaltsverzeichnis, S. 15 und 846 ff.).

Charakteristisch für diese Ebene der Argumentation ist, dass sie sich ausschließlich auf friedlich-legale Aktivitäten bezieht, das heißt auf das ganze Spektrum einer parteitypischen politischen Arbeit, die sich allgemein erlaubter Mittel bedient. Das ist in sich konsequent, denn der alles überwölbende Präventionszweck des Parteiverbots soll ja gerade, wie der Senat betont, dem „Missbrauch“ der legalen Freiheitsrechte vorbeugen.

Mangelnde „Potentialität“

Am Ende sind alle Zutaten der Verfassungswidrigkeit aufbereitet, nur fehlt es an der erforderlichen „Potentialität“. Hier endlich, auf Seite 261, erlebt der geduldige Leser den *turning point*, an dem sich das Gericht mit einem kritisch-realistischen Blick den bescheidenen Möglichkeiten der realexistierenden NPD zuwendet.[76] Der für eine Partei geradezu vernichtende Kernsatz lautet: *„(...) die Antragsgegnerin (ist) zu einer prägenden Einflussnahme auf den politischen Prozess nicht in der Lage“.*[77] An diesem Fallbezug ist nichts auszusetzen, bis auf die Tatsache, dass er begründungsökonomisch ziemlich spät kommt.

Die mangelnde „Potentialität“ begründet das Gericht zunächst für die parlamentarische und außerparlamentarische Willensbildung: Organisationsgrad, Wahlergebnisse und sonstige Wirkungsmöglichkeiten, etwa die Kampagnenfähigkeit in der Flüchtlingskrise, sind denkbar bescheiden.[78] „Konkrete Anhaltspunkte von Gewicht“, die einen Erfolg indizieren könnten, ergeben sich daraus offensichtlich nicht.

Auch für den Vorwurf, „Dominanzbestrebungen“ der NPD führten zu einer nachhaltigen *Beeinträchtigung* der demokratischen Teilhabe aller, fehlt die Möglichkeit eines Erfolgs. Es gibt keine „national befreiten Zonen“, nicht einmal in dem „Kleinstort“ Jamel, der eine singuläre Erscheinung ist. Einige wenige Straftaten einzelner Mitglieder sind ihr nicht als „Grundtendenz“ zuzurechnen; daher können diese auch keine „Potentialität“ indizieren. Der NPD gelingt es zudem nicht – nicht einmal räumlich begrenzt –, durch Einschüchterung und Bedrohung des politischen Gegners eine „Atmosphäre der Angst“ zu erzeugen.[79]

Ergebnis: Die NPD ist zwar nach ihrem planmäßigen und qualifizierten Handeln bestrebt, die fdGO zu beseitigen; sie geht aber mangels „Potentialität“ nicht wirksam darauf aus. Deshalb kann ihre Verfassungswidrigkeit nicht festgestellt werden.

76 Vgl. Rn. 896 ff.

77 Rn. 1008 (Hervorhebung von uns).

78 Vgl. Rn. 897–932

79 Vgl. Rn. 933–1007.

III. Auffälligkeiten und Defizite

> „Wir haben einstimmig entschieden und sind überzeugt, dass wir dem grundgesetzlichen Konzept des Schutzes der Freiheit durch die – nur als ultima ratio in Betracht kommende – Beschränkung der Freiheit Rechnung getragen haben."
>
> Peter Müller (2017)[80]

Lässt man diese Argumentation Revue passieren, fällt auf, dass das Urteil den Judikaten gegen SRP (1952) und KPD (1956) in der Argumentationsstruktur überraschend ähnelt. Den zahlreichen affirmativen Bezugnahmen und einigen zeitgenössischen Akzentverschiebungen (etwa beim Begriff der fdGO) steht eine einzige[81], allerdings fallentscheidende Korrektur gegenüber: Es ist jene Distanzierung vom Präventionsexzess des KPD-Urteils, demzufolge eine Realisierungschance keinerlei Rolle spielen sollte.[82] Mit dem neuen Begriff der „Potentialität" wird eine minimale Erfolgschance verlangt („nicht völlig aussichtslos").

Ansonsten das alte Bild: Es gibt *keine begriffliche Unterscheidung zwischen Zielen und Verhalten der Anhänger.* Über weite Strecken wird das „politische Konzept" der NPD abgehandelt, ihre „Äußerungen und Aktivitäten".[83] Rechtsbrüche und Straftaten sind marginal und spielen praktisch keine Rolle. Das wird der NPD sogar explizit bescheinigt.[84] So kommt es zu dem aus den fünfziger Jahren des letzten Jahrhunderts bekannten „ideologischen" Überhang. Es sind immer wieder die Ziele der Partei, die an den Maßstäben der fdGO gemessen werden. Das geht über weite Strecken der Subsumtion, die sich bald im Handgemenge von politischen Ideen und Tagespolitik verzettelt.[85] Ja, die NPD ist eine antidemokratische Partei, sie schürt Fremdenfeindlichkeit und Vorurteile gegen Minderheiten, sie bewegt sich im Gravitationsfeld der Naziideologie, ihre antisemitischen Fehlleistungen haben System. Aber brauchen wir ein Verfassungsgericht, um solche Einsichten gleichsam hochamtlich zu beglaubigen? Die

---

80 Interview von *Steinbeis.* Verfassungsblog vom 24. 2.2017.

81 Müller im Interview (Verfassungsblog vom 24. 2. 2017): „den 60 Jahre alten Maßstab (...) in einem Punkt angepasst".

82 Vgl. KPD-Urteil (BVerfGE 5, 143). Diese Aussage ist ultimativ-präventiv und streift das Surreale, zur Kritik vgl. *Horst Meier,* Verbot der NPD – ein deutsches Staatstheater in zwei Akten (2015), S. 36, 145, 222, 320 (im Folgenden zit. als *„Staatstheater"*); *ders.*, Parteiverbote und demokratische Republik (1993), S. 90 ff., 95 f. (Radikalisierung des Präventionsgedankens durch Gefahrenvorsorge) – zit. als *„Parteiverbote".*

83 Z. B. „Handeln" als „glorifizierende Bezugnahme" auf NS-Größen (Rn. 810 f); „politisches Konzept" durchgängig („feindlich" 897, „widrig" 922); Zitat in Rn. 681.

84 Vgl. Rn. 951 ff., 976; zur Dekonstruktion von 57 Straftaten vgl. Rn. 955.

85 Z. B. „Integration ist Völkermord", Asylgrundrecht ersatzlos streichen (Rn. 642), Volksentscheid über Wiedereinführung der Todesstrafe, Kastration von Pädophilen (Rn. 644), „Minarettverbot" (Rn. 728), Proteste gegen neue Moscheen (Rn. 733, 871, 990); zur Inhaltskontrolle der Parteiziele an der fdGO vgl. Rn. 634–844.

Lesestunde der „Worst of“-Zitate, bei der ausführlichen Urteilsverkündung von den Richtern abwechselnd dargeboten, hatte etwas Befremdliches.[86]

So oder so, *anstößige Politikinhalte bleiben das Leitmotiv des Parteiverbots.* Mittel der Überführung sind nicht etwa Taten, sondern „Aussagen“, „Aufsätze“ und „Reden“, „Publikationen und Äußerungen“.[87] Damit wird das „demokratieverkürzende“ Potential eines treffend als „Ausnahmenorm“ erkannten Verbotsartikels nicht annähernd erfasst. Man beteuert zwar, die restriktive Interpretation müsse dem „Regel-Ausnahme-Verhältnis“ Rechnung tragen.[88] Weil das Gericht aber die Tragweite der demokratischen Regel, das heißt den *Schutzbereich der Parteienfreiheit* gar nicht ausmisst und abschreitet, sondern sich sogleich auf die Ausnahme konzentriert, verstellt es sich den kritischen Blick auf deren „demokratieverkürzende“ Bedeutung. Kein Wunder, dass es sich alsbald im Irrgarten des Parteiverbots verläuft und in einem extensiven Präventionsdenken befangen bleibt. Bis sich am Ende die Ausnahme zur streitbaren „Grundentscheidung“ häutet.[89]

Dass sich das Gericht selbst attestiert, seine Maßstäbe seien mit der Rechtsprechung des EGMR „ohne weiteres vereinbar“, ist überflüssig und rechtlich bedeutungslos. Es erscheint auch, etwa mit Blick auf die vom EGMR geforderte „unmittelbare Gefahr“, durchaus fragwürdig. Erst wenn ein Karlsruher *Verbots*urteil vorliegt, wird man darüber befinden können, ob dessen Maßstäbe den europäischen Standards entsprechen oder nicht – und zwar in Straßburg.[90]

Weil sich das Gericht ein wenig kryptische Randbemerkungen zur Frage der *Parteienfinanzierung* leistet, ist sogleich der Streit über eine entsprechende Grundgesetzänderung entbrannt. Das ist bezeichnend. Illustriert es doch, dass man das Urteil lieber in „kleine Münze“ wechselt, anstatt dessen eigentliche Herausforderung zu ergründen.[91] Erstaunlich ist auch die *Kostenentscheidung* des Gericht. Obgleich der Antrag des Bundesrats abgelehnt wurde und folglich die NPD diesen Verbotsprozess gewann, weigerte sich der Zweite Senat einstimmig, der Partei die „notwendigen Auslagen“ zu erstatten. Ebenso wurde auch schon im 2003 eingestellten Verfahren entschieden

86 Fast komplett live übertragen von Phoenix-TV (ca. zwei Stunden).

87 Rn. 803, 467, 653.

88 Vgl. die Regel-Trias (Rn. 523 und 571): Offenheit der Willensbildung, Parteien- und Meinungsfreiheit.

89 Rn. 517 und 569.

90 Rn. 607 und 619; vgl. die *Kritik von Şeyda Emek* in RuP 2017, S. 174 ff.: Die Europäisierung des Parteiverbots – dargelegt am NPD-Urteil des Bundesverfassungsgerichts.

91 Vgl. Rn. 527 und 624 f, dazu *Şeyda Emek*, Die Europäisierung des Parteiverbots, RuP 2017, S. 174 ff. Zur Kritik des niedersächsischen Gesetzentwurfs *Laubinger*, Verfassungswidrigkeit politischer Parteien, in: ZRP 2017, 55 ff.; außerdem Hess. VGH, Urteil vom 5. April 2017 (Ausschluss von Fraktionszuwendungen für „erkennbar verfassungsfeindliche Parteien“ unwirksam: hier Büdinger NPD-Fraktion – Az. 8 C 459/17.N, Umdruck, 9 mit Bezug auf Rn. 526 und 625); *K.-A. Schwarz*, Der Ausschluss verfassungsfeindlicher Parteien von der staatlichen Parteienfinanzierung, in: NVwZ Beilage 2/2017, 39 ff.

(damals 5:3), wogegen Richter Michael Gerhardt eine lesenswerte abweichende Meinung verfasste.[92]

Dass die NPD ihre „Volksgemeinschafts"-Ideologie dem Nationalsozialismus entlehnt, ist bis zur Banalität offenkundig. Dass sie deshalb und wegen anderer Einsprengsel von Nazifolklore dem NS „wesensverwandt" sein soll, wird zwar ausführlich begründet, überzeugt aber nicht. Die Streitfrage kann freilich auf sich beruhen. Denn der springende Punkt ist, dass es das Gericht ablehnt, wegen der „bloßen Wesensverwandtschaft" die Eingriffsschwelle abzusenken: „Folglich gelten für alle Parteien die gleichen", im Verbotsartikel „festgeschriebenen Voraussetzungen".[93]

Ansonsten ist der Fallbezug alles in allem überzeugend. Das Gericht prüft akribisch alle handfesten Vorwürfe und ordnet diese Punkt für Punkt angemessen ein (z. B. die Vorfälle in Weimar, Tröglitz, Heidenau und Dresden). Der Methode des Aufbauschens, der sich die Verbotsbetreiber befleißigen, setzt das Gericht eine nüchterne empirische Bestandsaufnahme entgegen. Daher erscheint das Ergebnis ebenso plausibel wie zwingend.

Dass die NPD mangels *„Potentialität"* schließlich doch nicht für verfassungswidrig erklärt wird, ist also weniger einer restriktiven Interpretation geschuldet als einem Minimum an Realitätssinn. Dieser kommt geradezu wohltuend zur Geltung, wenn das Gericht ab Seite 261 des Urteils endlich die verstiegenen Ziele und widerwärtigen Absichten der NPD an ihrem desolaten Zustand und ihren kläglichen Möglichkeiten misst.[94] Der Kernsatz, der auf die erste Seite gehört, findet sich erst auf der allerletzten: *„(…) die Antragsgegnerin (ist) zu einer prägenden Einflussnahme auf den politischen Prozess nicht in der Lage".*[95]

Und so wünscht man sich, das Urteil hätte nach einer kurzen Bestandsaufnahme des „Sachvortrags"[96] hier begonnen, ungefähr so: Die NPD mag allerhand verfassungswidrige Ziele und Pläne haben. All das kann indes dahinstehen, denn sie ist offenkundig eine weithin isolierte Splitterpartei, parlamentarisch genauso wie außerparlamentarisch. Es gebricht ihr in jeder Hinsicht an der Möglichkeit, ihre Ziele politisch wirksam in den Prozess der politischen Meinungs- und Willensbildung einzubringen. Auch fehlt es an Rechtsbrüchen und Gewalttaten, die der Partei als Gesamttendenz zugerechnet werden könnten und die selbst eine Kleinpartei in die Verbotszone brächten. Sollte diese Partei also tatsächlich „darauf ausgehen", die fdGO zu beseitigen, ist darin nicht mehr als ein untauglicher Versuch zu sehen. Selbst wenn man die von den Antragstellern vorgetragenen Tatsachen als wahr unterstellt, ergibt eine wertende Gesamtbetrachtung aller Umstände des Falles: Die NPD des Jahres 2017 ist konstitutionell unfähig, die

---

92 Vgl. Rn. 1009 und BVerfGE 110, 407 (Dissent Gerhardt 410 f.).

93 Rn. 593 und 597; Begründung Rn. 805–843; immerhin werden strukturelle Unterschiede zwischen NPD und NSDAP eingeräumt, vgl. Rn. 805 und 841.

94 Vgl. Rn. 896 ff.

95 Rn. 1008 (Hervorhebung von uns).

96 Vgl. Teil A. = Rn. 1–396.

Grundordnung der deutschen Demokratie zu gefährden; und es ist auch nicht abzusehen, dass sich dies in Zukunft ändern wird.

Freilich wäre es mit einer solchen Argumentation auch durchaus angebracht gewesen, den Antrag als „nicht hinreichend begründet" von vornherein zurückzuweisen.[97]

Obwohl der Fall mangels Substanz eigentlich nichts hergab, ist das Gericht den Verbotsbetreibern weit entgegengekommen. Es wollte, vermuten wir, den Verbotsartikel nach 60 Jahren „Stillstand" der Rechtsprechung zeitgemäß aufbereiten und so die „rostigen Schwerter" der streitbaren Demokratie aufpolieren.[98] Dazu passt die demonstrative Erörterung des Scheinproblems, ob die Norm „mittlerweile ihren Geltungsanspruch verloren" habe.[99] Nun gehört es zwar zum Geschäft juristischer Dogmatik, auch mit Blick auf künftige Fälle zu arbeiten. Hier aber dominiert der Eindruck, das Urteil sei gleichsam auf Vorrat geschrieben worden: Nicht von ungefähr betonte Präsident Voßkuhle bei der Urteilsverkündung, dessen „Ertrag" reiche „deutlich weiter".[100] Für den Brokdorf-Beschluss wurde diese „Lust an der Maßstabsbildung" so charakterisiert: „Wir sehen: Das Gericht will nicht unbedingt Fälle lösen, sondern es greift die Fälle auf, um Maßstäbe zu errichten."[101]

Defizite

Was in solch einem langen Urteil fehlt, ist auf den ersten Blick nicht zu sehen. Einige Defizite, die uns aufgefallen sind, wollen wir kurz anreißen. Erstens vermissen wir eine *schlüssige Entstehungsgeschichte* des Verbotsartikels. Zwar ist vage von der „Katastrophe des Nationalsozialismus" die Rede, von der „Entwicklung des Parteiwesens (...) in der Endphase der Weimarer Republik" und auch von der „Taktik der ›legalen Revolution‹" der Nazis – das notorische Goebbels-Zitat mit den „Freifahrkarten" inklusive. Aber es wird nicht gesagt, welche „spezifische historische Erfahrung" man eigentlich beschwört.[102] Der Untergang der Weimarer Republik ist ein zweifelhafter historischer Anschauungsfall. Viele Argumente sind längst widerlegt, was dem Senat durchaus bewusst scheint, spricht er doch an einer Stelle von der „(vermeintliche[n]) Wehrlosigkeit" der Weimarer Reichsverfassung.[103] Aus solcher Unschlüssigkeit wird freilich

97 Zu § 45 BVerfGG vgl. Staatstheater, S. 41 und 195 f.

98 Formulierung von *Stern*, zit. nach Parteiverbote, S. 17; zum Beschluss, den Prozess durchzuführen *Lichdi/Meier*, NPD-Prozess: unvermeidlich, aber nutzlos, tageszeitung (taz) vom 10. 12. 2015.

99 Rn. 519.

100 Einführung *Voßkuhle*, 6.

101 *Oliver Lepsius*, Entscheidungsaufbau und Entscheidungstechnik: eine Lesehilfe, in: Doering-Manteuffel u. a., Der Brokdorf-Beschluss 1985 (2015), S. 7 ff., 16.

102 Rn. 514, 578, 621 und 809; ähnlich BVerfGE 107, 339, 362 („verhängnisvolle Entwicklung").

103 Rn. 583. Bahnbrechend die 1991 erschienene Studie von *Christoph Gusy*, Weimar – die wehrlose Republik? Weitere Nachweise in Staatstheater, S. 37, 146 ff. und *Horst Dreier*, Idee und Gestalt des freiheitlichen Verfassungsstaates (2014), S. 280 (mit drei präzisen Gegenargumenten in Fn. 144); *ders.*, Staatsrecht in Demokratie und Diktatur (2016), S. 49 ff. (Die drei

keine plausible Verfassungsgeschichte. So bleiben wichtige Fragen ungeklärt, etwa die, ob die „legale Revolution", die die Nazipropaganda reklamierte, wirklich so rechtstreu vonstatten ging; auch gegen die Legalitat des Ermächtigungsgesetzes sprechen gute Gründe.[104] Jutta Limbach schrieb im Vorwort zu einer englischen Ausgabe ausgewählter Entscheidungen des Bundesverfassungsgerichts:

> „After all, the Weimar Republic collapsed not because of the radical use of freedom of opinion, or because of excessive tolerance towards minorities, but rather from deep-rooted authoritarian state traditions."[105]

Der Gründungsmythos, oder sollte man besser sagen: die Lebenslüge der Bundesrepublik, ein Zuviel an „missbrauchter" Freiheit habe in Diktatur, Angriffskrieg und Völkermord geführt, ist längst zur Hohlformel geworden. Heute lässt sich klarer erkennen, dass die tradierte Geschichte von der „streitbaren" Demokratie eine Art Deckerinnerung ist, die das eigentliche Debakel vergessen macht: dass weder in Gewerkschaften und Parteien noch in Staat und Militär Kräfte vorhanden waren oder mobilisiert werden konnten, um den Nazis entgegenzutreten. Ein kämpferischer „Republikschutz" wäre am Ende vielleicht gescheitert, so wie in den „Februarkämpfen" 1934 in Österreich; er wurde indes nicht einmal versucht. Diese *kampflose Kapitulation* ist Teil eines kollektiven Traumas; einer, wenn man so will, „nationalen Schande", die beredt beschwiegen wird.

Aus all diesen Gründen ist ein „Rückgriff auf die Motive des Parlamentarischen Rats (…) unergiebig".[106] Nun ändern historische Irrtümer des Verfassungsgebers nichts am geltenden Grundgesetz. Soweit darauf allerdings Sinn und Zweck des Parteiverbots beruhen – nämlich auf der Erwartung, damit „strukturelle Voraussetzungen zu schaffen, um eine Wiederholung"[107] der deutschen Geschichte des Jahres 1933 zu verhindern –, hätte eine restriktive Interpretation heute das Ihre zu tun: die „demokratieverkürzenden" Wirkungen einer Norm zu begrenzen, die die ihr zugedachte Funktion kaum erfüllen kann. Auch hier wäre skrupulös zu bilanzieren: *Freiheitsverluste ohne Sicherheitsgewinn sind unbedingt zu vermeiden.*

In den merkwürdig geschichtslos wirkenden historischen Passagen des Urteils ist mit Händen zu greifen, welche Nachteile das Konsensprinzip hat, das in den Karlsruher

gängigsten Irrtümer über die Weimarer Reichsverfassung) und S. 166 ff. (Weimars Untergang); zur Frage der Legalität des Ermächtigungsgesetzes *ders.*, Revolution und Recht, in: ZÖR 2014, 805, 839 ff.

104 Dazu *Alter*, Das Parteiverbot: Weltanschauungsvorsorge oder Gefahrenabwehr?, AöR 140 (2015), 571, 577 f, der vom „massiven und systematischen Einsatz illegaler Methoden" der NSDAP spricht und dem Ermächtigungsgesetz einen „bloße[n] Schein von Legalität" attestiert. Dass ausgerechnet diese Passage für das Gegenteil bemüht wird (vgl. Rn. 578), ist schlicht irreführend.

105 Preface. In: Decisions of the Bundesverfassungsgericht – Federal Constitutional Court. Volume 2/Part I: Freedom of Speech 1958 – 1995 (1998), S. VI.

106 *Alter*, Parteiverbot, AöR 140 (2015), 571, 583.

107 Rn. 514 (ähnlich 578 und 583).

Senaten gepflegt wird. Ein oder zwei Dissenter hätten Klartext reden können, sei es mit konservativ-präventiver oder liberal-restriktiver Tendenz, ja sie hätten dem Traktat eines siebenköpfigen „Autorenkollektivs“ vielleicht ein wenig Farbe verliehen und Spannung eingehaucht.[108]

Zweitens vermissen wir einen *Rechtsvergleich*. Gerade ein solcher hätte ins Bewusstsein gehoben, dass das deutsche Parteiverbot, das sich hierzulande von selbst versteht, ein „Sonderweg“ ist. Und hätte zu denken gegeben, was „das weitgehende Fehlen vergleichbarer Verfassungsnormen in anderen freiheitlichen Demokratien“ wohl bedeuten mag.[109] „Alteingewurzelten Demokratien wie der englischen oder amerikanischen“, erklärte der Verfassungsrechtler Dieter Grimm, „ist der Gedanke eines Parteiverbots sogar fremd. Viele halten ihn dort für undemokratisch.“[110] Ein Blick von außen ist vorzüglich geeignet, eine „demokratieverkürzende Ausnahmenorm“ zu bestaunen. Mit den selbstrechtfertigenden Hinweisen auf die Rechtsprechung des EGMR ist es nicht getan; weil hier nicht erkennbar ist, auf welcher Rechtsgrundlage und welchen Eingriffstatbeständen das jeweilige Verbot eines Mitgliedsstaats beruht (oft Vereins- und Strafgesetze statt Verfassung).

Drittens aber und vor allem vermissen wir einen *Begriff von Opposition*. Wo, wenn nicht in Sachen Parteiverbot, müsste ein solcher entwickelt werden?

IV. Opposition und Verfassungstreue

> What caused the Court's understanding to dawn and grow? Judges do read newspapers and are affected, not by the weather of the day (...), but by the climate of the era.
>
> Ruth Bader Ginsburg (2006)[111]

„Eine Partei, die nichts Verbotenes tut, kann nicht verboten werden.“[112] Dem würden vermutlich viele zustimmen. Wenn sie freilich den Satz, der 1968 auf einer Pressekonferenz fiel, aus dem Mund von Adolf von Thadden, dem damaligen Vorsitzenden der NPD, hörten, sähe das wohl anders aus. Inzwischen erscheint das glatte Gegenteil, so wie im NPD-Urteil formuliert, weithin zustimmungsfähig:

> „Eine Partei kann auch dann verfassungswidrig sein, wenn sie ihre verfassungsfeindlichen Ziele ausschließlich [!] mit legalen Mitteln und unter Ausschluss jeglicher Gewaltanwendung verfolgt.

---

108 Für die *Ablehnung* des Verbotsantrags hätte eine einfache Mehrheit von fünf Stimmen genügt.

109 *Horst Dreier*, Idee und Gestalt, S. 283 Fn. 159 („Sonderfall“) und 480 („das weitgehende Fehlen“); *Morlok*, Schutz der Verfassung durch Parteiverbot?, in: Leggewie/Meier (Hrsg.), Verbot der NPD? (2002), S. 64 ff., 66 („kein notwendiges Element des Demokratieprinzips“) und 79 („für viele Demokratien… kein notwendiges Instrument“).

110 Interview mit Dieter Grimm in Staatstheater, S. 367 ff., 369.

111 Richterin des US Supreme Court seit 1993 – Vortrag 2006 in Südafrika, zit. nach *Anthony Lewis*, Freedom for the Thought That We Hate (2007), Introduction, S. XIV.

112 Zit. nach Phoenix-TV, „Thema: NPD verbieten?“ (Diskussion und Dokumentation) vom 16. 1. 2017.

(…) Daher kann auch die Inanspruchnahme grundrechtlich geschützter Freiheiten verbotsrelevant sein.“[113]

Auf das Wort „ausschließlich“ kommt es an, denn es eröffnet die Möglichkeit, lupenreine Legalität in „verbotsrelevante“ Verfassungswidrigkeit zu verwandeln. Man mag das als historischen Fortschritt der „streitbaren“ Demokratie begrüßen; es ändert nichts daran, dass darin eine Aporie des deutschen Parteiverbots verborgen liegt: die Statuierung einer *Verfassungstreuepflicht* für politische Parteien (und damit für jene Aktivbürger, die sich in ihnen zusammenschließen). Diese Treuepflicht wird zwar nirgendwo als solche benannt, doch der Sache nach wie selbstverständlich vorausgesetzt – als höhere Legitimität einer Grundordnung, an der „missbrauchte“ Legalität gemessen und kollektiv für verwirkt erklärt werden kann. So wird die vom Grundgesetz „gewährte“ Freiheit potentiell entzogen.[114] Genau damit aber beginnt die Schieflage dieses Urteils. Der Logik der „streitbaren“ Demokratie erscheint die verfassungstreue Partei als das Normalste aller Verfassungswelten. Dass man damit anstößige Kritik, radikalen Dissens, kurz: Opposition ans staatliche Gängelband der fdGO legt, scheint niemanden zu stören.

Kein Begriff von Opposition

Dieser blinde Fleck ist erstaunlich und überaus charakteristisch. Im Urteil eines Verbotsverfahrens ist es einfach unerlässlich, den Status und den Freiheitsspielraum von politischer Opposition zu reflektieren. Davon aber findet sich buchstäblich nichts. Einmal wird der NPD vorgeworfen, ihrem Programm fehle ein „Bekenntnis (…) zum Grundsatz der Opposition“; ein anderes Mal wird ihr angelastet, sie erhebe einen „fundamentaloppositionellen, revolutionären Anspruch“.[115] Ansonsten wird beiläufig erklärt, gegenüber dem Demokratieprinzip seien die „Instrumente“ zur Offenhaltung des politischen Prozesses, z. B. das „Recht auf Bildung und Ausübung einer Opposition“, „nachrangig“[116]. Das mag im Kontext einer fdGO-Definition angehen, ist aber für ein angemessenes Verständnis des Parteiverbots ungenügend.

„Opposition“ ist kein Prädikat für linke oder rechte Politik; sie meint, formal gesehen, den mehr oder weniger scharfen Gegensatz zur jeweiligen Regierung. Opposition ist naturgemäß dazu berufen, den „Herrschenden“ die Hölle heiß zumachen. In ihr bündelt sich auf spezifische Weise das Recht der Minderheit auf Existenz. Und obgleich im Grundgesetz nicht explizit als Institution geschützt, lässt sich doch von einer „funktionellen Garantie“ sprechen.[117] Die Herrschaft der Majorität unterscheidet sich

113 Rn. 578 und 579, ebenso Verbotsantrag, vgl. Rn. 378.

114 Rn. 515. Anklänge an Treuepflicht in Rn. 405 („loyalen verfassungsrechtlichen Institution“) und 576 („loyaler Haltung“). – Immerhin stellt das Gericht klar, dass Parteien – auch wenn sie in den Staat hineinwirken – „frei gebildete, im gesellschaftlich-politischen Bereich wurzelnde Gruppen“ sind (Rn. 599).

115 Rn. 759 und 779.

116 Rn. 544; zum fdGO-Katalog des SRP-Urteils vgl. Rn. 531: „Opposition“.

117 So *Horst Dreier*, Art. 20, Rn. 75 Fn. 269 f., in: ders., GG-Kommentar, Bd. 2, 3. Aufl. 2015.

von jeder anderen Form der Herrschaft dadurch, sagt Hans Kelsen, „daß sie eine Opposition, weil eine Minorität, nicht nur begrifflich voraussetzt, sondern auch als politisch berechtigt anerkennt, ja sogar schützt“.[118] Es geht um das für die Demokratie so charakteristische Wechselspiel zwischen Regierung und Opposition, zwischen Mehrheit und Minderheit.

Die „Ausübung legaler Opposition (sei es in Form der Minderheitsfraktionen im Parlament, sei es in Form der Wahrnehmung politischer Grundrechte)“, erklärt der Verfassungsrechtler Horst Dreier, „ist der (...) lebendige Beweis für die Vorläufigkeit und Relativität der einmal getroffenen Mehrheitsentscheidung. (...) Diese Art von ›Freiheit zum Dissens‘ ist eine späte politische Errungenschaft, weil sie die (...) Möglichkeit voraussetzt, eine abweichende Meinung zu artikulieren und gleichzeitig die nicht konsentierten Normen zu befolgen.“

Eine funktionierende Opposition ist, anders gesagt, „begriffsnotwendiger Bestandteil der Demokratie“.[119]

Loyale und fundamentale Opposition

Opposition, die politische Alternativen formuliert, die Regierung kritisiert und potentiell zu deren Ablösung bereitsteht, ist loyal, soweit sie nicht die Systemfrage stellt. Es gibt nun aber Opposition im demokratischen Verfassungsstaat, die sich als revolutionär, das heißt systemüberwindend bis umstürzlerisch versteht. Diese Fundamentalopposition will das bestehende System langfristig nicht verbessern, sondern transformieren. Das ist zunächst einmal kein Problem, da nach dem Verständnis des bürgerlichen Verfassungsstaats kein staatsfreundlicher Gebrauch der Freiheit vorgeschrieben, keine Gesinnung erzwungen wird, sondern nur formaler Rechtsgehorsam: äußerlich legales Verhalten genügt.[120] Solange Fundamentalopposition hier und heute friedlich ist, bleibt es ihr unbenommen, revolutionäre Parolen und Utopien unter die Leute zu bringen. Im NPD-Urteil wird hingegen der Vorwurf erhoben, die Partei stelle die „Systemfrage“.[121]

Dass nicht anstößige Meinungen, sondern strafbare Handlungen legitime von illegitimer Opposition trennen, diese Unterscheidung entspricht, wie Otto Kirchheimer für den Umgang mit „Staatsfeinden“ und Systemgegnern gezeigt hat, guter rechtsstaatlicher Tradition: „Unter einer Voraussetzung wird somit die Umgestaltung der

---

118 Zit. nach Staatstheater, S. 89.

119 *Horst Dreier*, Idee und Gestalt, S. 131 und 428; Staatstheater, S. 156ff. Aus politologischer Sicht jetzt *Franzmann*, Opposition und Staat, in: S. Bukow/U. Jun/O. Niedermayer (Hrsg.), Parteien in Staat und Gesellschaft (2016), S. 51–83 (DOI 10.1007/978-3-658-05309-3_3) und *Daase/Deitelhoff*, Opposition und Dissidenz in der Weltgesellschaft, in: Christopher Daase u. a. (Hrsg.), Herrschaft in den Internationalen Beziehungen (2017), S. 121–150 (DOI: 10.1007/978-3-658-16096-8_6).

120 Zu der „freiheitsdienlichen Kantschen Unterscheidung von Recht und Moral und, besonders, von Legalität und Moralität“ *Horst Dreier*, Idee und Gestalt, S. 481 f.

121 Vgl. Rn. 782 und 804.

verfassungsmäßigen Ordnung zum legitimen Vorhaben: zur Erreichung des angestrebten Ziels dürfen ausschließlich legale Mittel angewandt werden."[122] Bezogen auf den politischen Handlungsspielraum von Fundamentalopposition lässt sich sagen: Ihre ungehinderte Existenz unter dem ungeteilten Schutz bürgerlicher Freiheiten kann geradezu als Reifemerkmal einer toleranten Gesellschaft angesehen werden:

> „Die Tätigkeit einer revolutionären Partei in einem demokratischen System hat einiges Paradoxe an sich. Darin, daß sie existiert, verkörpert sich das eigentliche Wesen einer freien Gesellschaft."[123]

Ein fundamentaler Widerspruch

Das Parteiverbot gehört zum normativen Kern der „streitbaren" Demokratie.[124] Man kann das *Prinzip* damit rechtfertigen, dass Demokratie auf Dauer gesichert werden soll – nicht im Sinne bestimmter Inhalte, sondern als Offenhalten des politischen Prozesses: Die Idee freier Selbstbestimmung steht nicht zur Disposition einer aktuellen Mehrheit, die die „Tür der Legalität" kurzerhand „hinter sich zuschlägt" und damit die Selbstbestimmung künftiger Generationen blockiert. Demnach wäre Streitbarkeit kein Dilemma oder Selbstwiderspruch, sondern „immanent aus dem Demokratieprinzip selbst" abgeleitet.[125]

Die Idee demokratischer Selbstbindung lässt sich also durchaus *theoretisch* rechtfertigen; die entscheidende *praktische* Frage aber ist die, ob Art. 21 II GG als Mittel dieser Strategie überhaupt taugt. Richard Thoma schrieb solchen Regelungen eine Warnfunktion zu, warnte aber seinerseits vor der Illusion „juristischer Zwirnsfäden".[126] Die Präjudizien der fünfziger Jahre galten kleinen Parteien, die objektiv ungefährlich waren. Seither geht es in der deutschen Extremistendebatte mehr um symbolisch-rituelle Ausgrenzung denn um wirkliche Gefahren. Das ist kein Zufall, denn das Parteiverbot des Grundgesetzes ist eine Fehlkonstruktion.

> „... schon die geringe Zahl einschlägiger Fälle (...) sowie das weitgehende Fehlen vergleichbarer Verfassungsnormen in anderen freiheitlichen Demokratien spricht eine deutliche Sprache, was die Effektivität wie vor allem vielleicht die verfassungspolitische Klugheit entsprechender Maßnahmen angeht."[127]

---

122 *Kirchheimer*, Politische Justiz (1961), S. 63.

123 *Kirchheimer*, Politische Justiz, S. 209; vgl. Staatstheater, S. 142f.

124 Grundlegend zum Begriff *Lameyer*, Streitbare Demokratie (1978); zur „restriktiven Interpretation des Streitbarkeitsprinzips" vgl. *Ralf Dreier*, Verfassung und Ideologie, in: ders., Recht – Moral – Ideologie (1981), S. 146ff., 155, 163.

125 *Horst Dreier*, Idee und Gestalt (280f) argumentiert in diese Richtung; darauf Bezug nehmend das Urteil Rn. 517 („Ausdruck einer dem Demokratieprinzip eigenen Selbstbeschränkung"). Zur Metapher „Tür der Legalität" schon *Carl Schmitt*, Legalität und Legitimität (1932/1968), S. 33.

126 Vgl. *Thoma*, Rechtsstaat-Demokratie-Grundrechte (2008), 214 und 441; *Horst Dreier*, Staatsrecht in Demokratie und Diktatur (2016), S. 166ff., 168 („normative Zwirnsfäden").

127 *Horst Dreier*, Idee und Gestalt, S. 480.

Jedes Parteiverbot hat zur Folge, dass der „gesellschaftliche Willensbildungsprozeß reglementiert" und „auch die *Diskussion* in der Gesellschaft beschränkt" wird.[128] Dass damit die Demokratie sozusagen militant wird, sieht man hierzulande weithin als Fortschritt an. So auch im NPD-Urteil. Es heißt dort unter Berufung auf das KPD-Urteil: Die „streitbare" Demokratie wolle „das Prinzip der Neutralität des Staates gegenüber den politischen Parteien nicht mehr rein verwirklichen". Ziel sei vielmehr „eine Synthese zwischen dem Prinzip der Toleranz gegenüber allen politischen Auffassungen und dem Bekenntnis zu gewissen unantastbaren Grundwerten der Staatsordnung".[129] Wie weit aber ist es her mit dieser „Synthese"? Was sich beinahe anhört wie eine Aufhebung der Gegensätze (und als „friedliches und demokratisches Zusammenleben"[130] verklärt wird), bleibt doch eine Paradoxie: Das Parteiverbot „schränkt Freiheit ein, um Freiheit zu schützen".[131] Und es birgt stets die Gefahr, als politische Waffe gegen missliebige Kritiker instrumentalisiert zu werden.

Bezogen auf das Parteiverbot ergibt sich ein fundamentaler praktischer Widerspruch: der zwischen Opposition als „Freiheit zum Dissens" und einer Verfassungstreuepflicht, die mehr verlangt als legales Verhalten. Denn wenn die Ausübung grundrechtlich geschützter Parteien- und Meinungsfreiheit „verbotsrelevant" sein kann, wird ausgerechnet Opposition potentiell unter Staatsaufsicht gestellt. Aktivitäten, die „an sich" rechtmäßig sind, können durch ein Verbotsurteil als „verfassungswidriger" Missbrauch entwertet werden. Schon die Drohung mit einem Verbotsantrag, die über einer Partei schwebt, kann einschüchternde Wirkung haben. Das Verfassungsgericht des Jahres 1956 nahm dieses Spannungsverhältnis sogar zum Anlass, der Frage nachzugehen, ob der Verbotsartikel im Lichte der Meinungsfreiheit eine „verfassungswidrige" Verfassungsnorm darstellt.[132] Der Sache nach geht es um die „verfassungstheoretische Legitimität staatlicher Eingriffe in den gesellschaftlich-politischen Meinungskampf".[133] Das Parteiverbot, extensiv interpretiert, enthält „eine Sonderrechtsschranke gegen spezifische Meinungen".[134]

128 *Horst Dreier*, Idee und Gestalt, S. 279.

129 Rn. 516.

130 Rn. 515 („Schutz der grundlegenden Werte") und 517; „freiheitliches" Zusammenleben in 535.

131 Einführung *Voßkuhle*, zit. nach unserer Prozessreportage (= Teil 2) in RuP 2/2016, 87.

132 Im Ergebnis zurecht verneint, vgl. BVerfGE 5, 137–139 (im NPD-Urteil nur verdeckt zitiert am Ende von Rn. 517) und Staatstheater, S. 148f sowie 166ff. zur Verletzung der Meinungsfreiheit durch Sanktionierung fdGO-widriger Ziele; ähnlich *Alter*, Das Parteiverbot, AöR 140 (2015), 571, 589f.

133 *Ralf Dreier*, Verfassung und Ideologie, in: ders., Recht – Moral – Ideologie (1981), S. 146ff., 155.

134 *Brugger*, Gewährleistung von Freiheit und Sicherheit, VVDStRL 63 (2004), 101, 141; eine aktuelle Bestandsaufnahme jetzt bei *Timothy Garton Ash*, Redefreiheit. Prinzipien für eine vernetzte Welt (2016).

Das Grundgesetz selbst statuiert mithin einen fundamentalen Widerspruch zwischen Opposition und Verfassungstreue. Es liegt auf der Hand, dass eine Herangehensweise, die diesen Widerspruch nicht beim Namen nennt und herausarbeitet, Gefahr läuft, das charakteristische Problem des deutschen Parteiverbots zu verkennen: Es geht um den prekären Spielraum einer doppelbödigen Legalität. Demnach lässt sich die Verbotsfrage so formulieren: *Ab wann und wie weitreichend darf legale, parteitypische Tätigkeit um des Schutzes einer legitimen Grundordnung willen rückwirkend verkürzt werden?*

Halten wir fest: Der *erste folgenschwere Mangel* dieses Urteils ist es, die „Parteien- und Meinungsfreiheit" bloß zu erwähnen[135], diese aber nicht als genuine Freiheit der Opposition auszubuchstabieren. Weil dieses Gegengewicht fehlt, gerät die Argumentation von Anbeginn auf die schiefe Bahn des „streitbar"-präventiven Denkens – und kann daher dem Regel-Ausnahme-Verhältnis nicht gerecht werden. Woher, wenn nicht aus der Einsicht, dass friedlich-legaler Opposition ein Verbot droht, könnte denn die Strategie einer rechtsstaatlichen Eingrenzung ihre Energie beziehen?

V. Hohe Hürden? Das Postulat der „restriktiven" Auslegung

> Wir haben mehr damit zu schaffen, die Auslegung auszulegen, als die Sache selbst, und mehr Bücher über Bücher als über irgend einen anderen Gegenstand: wir tun nichts anderes, als uns gegenseitig zu kommentieren. Alles wimmelt von Kommentaren; an Autoren herrscht große Not.
>
> Michel de Montaigne (1588)[136]

Im Folgenden untersuchen wir, inwieweit das vom Gericht postulierte Gebot, Art. 21 II GG sei als „demokratieverkürzende Ausnahmenorm" „restriktiv auszulegen", praktisch eingelöst wird.[137] Es geht um die Begriffe „fdGO" (1.) , „Beeinträchtigen" oder „Beseitigen" (2.), „Ziele" oder „Anhängerverhalten" (3.) und besonders um die „Potentialität" des „Darauf Ausgehens" (4.). Am Ende bilanzieren wir, dass alle guten Vorsätze nur karge Früchte tragen (5.).

1. Freiheitliche demokratische Grundordnung

Das Gericht unterscheidet die „Kernelemente" der fdGO von ihren fallbezogenen Ableitungen; das folgt aus seinem „reduzierte[n] Ansatz".[138] Diese minimalistische Version der fdGO-Formel kann sich, verglichen mit den theorielosen der fünfziger

135 Vgl. Rn. 523 und 571.

136 Essais. Lüthy-Ausgabe (1985), S. 848.

137 Rn. 523 f. Ein restriktiver Ansatz wird in der Literatur seit langem gefordert, u. a. von Konrad Hesse, Jutta Limbach, Dieter Grimm und Martin Morlok, vgl. die Nachweise in Staatstheater, S. 152 ff. („Skizze für eine restriktive Interpretation") sowie Parteiverbote, S. 243 f., 263 ff.

138 Vgl. Rn. 534 und 538–547.

Jahre, sehen lassen. Sie wird, um die heute inflationär bemühte „Menschenwürde“[139] zentriert, weithin Zustimmung finden. Sie kann indes den Streit um den endgültigen Zentralwerte-Katalog nicht beenden: Jede Zeit wird das für sie „schlechthin Unverzichtbare“ auf ihre eigene Weise formulieren.

Nehmen wir nur ein Beispiel, das im Kontext des Urteils vollkommen unverfänglich wirkt: die gesellschaftliche und rechtliche Behandlung von Homosexuellen. Das Gericht wirft der NPD vor, sie verweigere nicht nur Juden[140] sowie Sinti und Roma, sondern „weiteren Gruppierungen“ den ihnen gebührenden Achtungsanspruch. Als Beleg dient ein Zitat von Jürgen Gansel, der im Sächsischen Landtag erklärte:

> „Sexualität ist Privatsache, und in der Abgeschiedenheit ihrer vier Wände können auch Schwule und Lesben tun und lassen, was sie wollen – auch wenn es unappetitlich sein mag. In der Öffentlichkeit aber haben sie das Anstandsgefühl der übergroßen heterosexuellen Bevölkerungsmehrheit zu akzeptieren und eine Zurschaustellung ihrer sexuellen Neigungen zu unterlassen, wie sie etwa auf Schwulenparaden zelebriert werden.“

Damit werde der „aus der Menschenwürde folgende Achtungsanspruch (…) nicht respektiert“.[141] Diese verbale Attacke bewirkt keine konkrete Verletzung, sondern ist eine Polemik, die nicht einmal den Tatbestand der Volksverhetzung erfüllt. Sie ist schlicht spießig. Die Gleichbehandlung von sexuellen Minderheiten ist eine politische Frage von öffentlichem Interesse ist, fällt also in den Schutzbereich der Meinungsfreiheit. Hier aber werden abweichende Meinungen unter Berufung auf ein Kernelement der fdGO als „verbotsrelevant“ eingestuft.

Die Selbstverständlichkeit, mit der das Verfassungsgericht diesen Vorwurf erhebt, ist im Übrigen geschichtslos. Denn die erste Liberalisierung des § 175 StGB verdankt sich nicht etwa dem Verfassungsgericht, sondern der Großen Strafrechtsreform von 1969. Noch 1957 hatte es entsprechende Strafurteile so gerechtfertigt: „Die §§ 175 f StGB verstoßen (…) nicht gegen das Grundrecht auf die freie Entfaltung der Persönlichkeit (…), da homosexuelle Betätigung gegen das Sittengesetz verstößt und nicht eindeutig festgestellt werden kann, daß jedes öffentliche Interesse an ihrer Bestrafung fehlt.“[142]

Beim naturgemäß endlosen Streit um den fdGO-Katalog ringt man um „oberste“, ja „absolute“[143] Werte. Dabei wird regelmäßig übersehen, dass der Inhalt sekundär ist. Die Beteuerung des Gerichts, ein „derartiger reduzierter Ansatz“ werde dem „Ausnahmecharakter des Parteiverbots“ gerecht, geht fehl, weil sie der rein inhaltlichen Ebene

---

139 Selbstkritisch zur Objektformel Rn. 540; zur „Veralltäglichung der Ausnahmenorm“ *Horst Dreier*, Idee und Gestalt, S. 95 ff.

140 Z. B. Bezeichnung von Israel als „Schurkenstaat“ = Indiz für Antisemitismus und damit Missachtung der Menschenwürde, vgl. Rn. 744/8 und 750.

141 Rn. 752 (Zitat Gansel 753).

142 BVerfGE 6, 389 (Leitsatz 2); zum „Sittengesetz“, gegen das „eindeutig“ verstoßen werde, dort S. 434 ff.

143 Rn. 516; im Widerspruch dazu die Behauptung, mit der Garantie der Menschenwürde werde dem Staat „jede Absolutheit… genommen“ (538).

verhaftet bleibt. Zumal diese vermeintliche Selbstbeschränkung denkwürdig ambivalent daherkommt: Das „kritische Hinterfragen einzelner Elemente der Verfassung" muss möglich sein, erklärt das Gericht: Ein Parteiverbot „kommt erst [!] in Betracht, wenn dasjenige in Frage gestellt und abgelehnt wird, was zur Gewährleistung eines freiheitlichen und demokratischen Zusammenlebens schlechthin unverzichtbar ist und daher außerhalb jedes Streits stehen muss".[144]

Das eigentliche Problem der fdGO-Formel, was auch immer ihr Inhalt sein mag, liegt in der doppelbödigen Struktur einer Verfassung, die mit der Legitimität einer „Grundordnung" die Möglichkeit bietet, das legale Verhalten einer Oppositionspartei nachträglich zu entwerten: mit dem Verdikt „verfassungswidrig". Das aber heißt, von Opposition mehr zu verlangen als nur rechtmäßiges Verhalten; sie muss, wie dargelegt, auch noch verfassungstreu sein und brav „legitime Kritik" üben.[145]

An diesem Problem geht der sympathisch erscheinende minimalistische Ansatz vorbei, ja er wirkt nachgerade naiv. Von wegen „erst" und „eng" und „nur"![146] Dass der Senat dies nicht sieht, signalisiert einen fortgesetzten Mangel an Problembewusstsein. Dabei sind die Folgen für den politischen Spielraum von Opposition wahrlich grundstürzend. Weil das Verfassungsgericht das Interpretationsmonopol über besagte „Grundordnung" innehat und die Ziele einer Partei daran misst, wird es unversehens zu einer *Instanz von Politikkontrolle*, zu einer Art Karlsruher fdGO-TÜV.[147]

Auf diesem Resonanzboden erweisen sich harmlos klingende Formeln wie „schlechthin unverzichtbar" oder „außerhalb jedes Streits" als hochproblematisch. In einer demokratischen Gesellschaft ist es nicht üblich, von Staats wegen einen *Bezirk des Indiskutablen* abzusperren. Es gibt schlechthin keinen Inhalt, der von vornherein der öffentlichen Debatte entzogen wäre. Selbst nach dem Wunsiedel-Beschluss, der am Ende fragwürdiges „Sonderrecht" statuiert, fallen neonazistische Äußerungen zunächst in den Schutzbereich der Meinungsfreiheit.[148]

Das Verfassungsgericht hat zu Recht betont, dass der Staat keine Werteloyalität aufzwingt, der einzelne Bürger also frei ist, grundlegende Wertungen der Verfassung in Frage zu stellen.[149] Und dies gilt, bezogen auf kollektive politische Aktivitäten, eigentlich auch für Parteien – gäbe es nicht den Verbotsartikel. Der US-Supreme Court fand im Kontext der Redefreiheit deutliche Worte:

---

144 Rn. 535.

145 Vgl. Rn. 757, 750; 721 („Grenze einer grundsätzlichen Kritik" überschritten) und 804 (mehr als „bloße Kritik").

146 Rn. 535, 527 und 530.

147 Zur Inhaltskontrolle von Zielen im KPD-Urteil vgl. Parteiverbote, S. 83 f.

148 Zur Kritik Staatstheater, S. 188 ff. und 268 ff.

149 Vgl. *Horst Dreier*, Idee und Gestalt, S. 479.

> „We begin with the common ground. Under the First Amendment there is no such thing as a false idea. However pernicious an opinion may seem, we depend for its correction not on the conscience of judges and juries but on the competition of other ideas.“[150]

Es ist kein Zufall, dass ein amerikanischer Prozessbeobachter in Karlsruhe die deutsche Verhandlung darüber, ob die „Volksgemeinschaft“ der NPD mit der fdGO kompatibel ist, staunend registrierte:

> „But even Franz's [= Parteivorsitzender] ineffectual parrying with the much nimbler justices exposed a uniquely problematic feature of the party-ban process. Must – or should – a political party have to account to the state for its political ideas? As with the lawyer Richter's poorly conceived strategy, Franz would have done much better to refuse to answer questions about the party's ideology while pointing to the Basic Law's protection of freedom of opinion. That guarantee, Franz might have insisted, draws particular meaning from the terrible period during which the German state was busy scrutinizing the beliefs of its citizens.“[151]

Ein Verfassungsgericht, das de facto zu einer Instanz der Politikkontrolle wird, bewegt sich auf dünnem Eis. Es ist hoch ideologieanfällig, anlässlich eines Verbotsantrags – über den schließlich die Mehrheitsparteien disponieren –, die politischen Ziele einer Minderheitspartei an einer Grundordnung zu messen. Noch bei jeder radikalen Partei wird sich eine zu weitgehende Negation, ein zu laues Bekenntnis finden lassen, das der herrschenden Mehrheit, dem Zeitgeist als verdächtig bis „verfassungsfeindlich“ erscheint. Bei Opposition geht es aber genauso wie bei der Meinungsfreiheit um den „Schutz der geistigen Provokation“.[152] Eine Gesellschaft, die das respektlose Infragestellen ihrer politischen Identität abwürgt, die schrillen Parolen den Schalldämpfer einer fdGO-Kontrolle aufsetzt, ist nicht nur illiberal, weil sie an Gesinnungen Rechtsfolgen knüpft, sie begibt sich auch der nützlichen Wirkung von Widerspruch und Kritik.

Halten wir aus der Perspektive von legaler Opposition fest: Eine „Grundordnung“ ist nicht deshalb freiheitsgefährdend, weil sie zu viele oder falsche Inhalte hat, sondern weil es sie überhaupt gibt. Wo Legitimität gegen Legalität ausgespielt werden kann, ist nicht nur die Freiheit von „Extremisten“, sondern die Freiheit potentiell aller in Gefahr. Eine „restriktive“ Interpretation, die wirklich etwas ausrichten will, muss daher woanders ansetzen.

---

150 Gertz v. Welch 418 U.S. 323, 339 f (1974); zur rechtsvergleichenden Studie von Gereon Flümann vgl. *Horst Meier*, Streitbare oder liberale Demokratie?, RuP 2015, 193 ff.

151 *Russell A. Miller*, How to Kill an Idea: An American's Observations on the NPD Party-Ban Proceedings. In: Verfassungsblog vom 13. 1. 2017.

152 *Enders*, Toleranz als Rechtsprinzip?, in: Christoph Enders/Michael Kahlo (Hrsg.), Diversität und Toleranz. Toleranz als Ordnungsprinzip? (2007), S. 252; Vorwurf „gezielt“ / „provokatives Auftreten“ Rn. 950, 1008.

2. „Beeinträchtigen" oder „Beseitigen"

Der Begriff des *„Beseitigens"* bezeichnet „die Abschaffung zumindest eines der Wesenselemente" der fdGO. So kann man es sehen. Man darf nur nicht vergessen, dass jene so zupackend klingende „Abschaffung" eine imaginierte ist: angesiedelt auf der geistigen Ebene eines kollektiven Parteiwillens. Die Organisation „will", programmatisch gesehen, die Kernelemente einer ideell gefassten Grundordnung beseitigen – also irgendwie und irgendwann abschaffen. Bereits diese buchstäblich unverbindliche Absicht genügt, und zwar schon mit Blick auf die Negation nur eines Kernelements. Das sind die „Fernziele" des KPD-Urteils, sie verlieren sich im Nebel politischer Utopien.[153]

Dem Gericht zufolge ist von einem *Beeinträchtigen* auszugehen, „wenn eine Partei nach ihrem politischen Konzept mit hinreichender Intensität eine spürbare Gefährdung" der fdGO „bewirkt." Aber was heißt „spürbar" und auf wen oder was bezieht es sich? Ist das die neue verfassungsrechtliche Kategorie einer gefühlten, einer imaginierten „Gefährdung"? Oder muss etwas Objektiv-Reales „bewirkt" werden? Anscheinend nicht, denn eine Partei betreibt schon dann „qualifiziert die Außerkraftsetzung der bestehenden Verfassungsordnung", wenn sie sich inhaltlich gegen ein „Wesenselement" der fdGO „wendet", wenn sie dieses „ablehnt und bekämpft". Aus der Beteuerung, dass „nicht jede verfassungswidrige Forderung" verbotsrelevant ist, lässt sich schließen, dass Forderungen als solche durchaus genügen.[154]

Diese Interpretation ist nicht restriktiv, sondern extensiv; sie verschärft den Widerspruch zur Parteien- und Meinungsfreiheit. Eine „restriktive" Konsequenz wäre es, zu sagen: keine Beeinträchtigung der Grundordnung durch die bloße Propagierung von Zielen! Außerkraftsetzen-Wollen ist nicht Außerkraftsetzen. Schon hier käme es darauf an, die ideelle Ebene der bloßen Negation an so etwas wie einen objektivierbaren Schaden am Schutzgut „fdGO" zu knüpfen. Andernfalls wird provozierende Kritik sanktioniert, nur weil sie „absolute" Werte zersetzt. Kurz: „Spürbare Gefährdung" besagt alles, nur nichts Bestimmtes. Auch der Fallbezug ist unklar, wird doch der NPD das weitergehende „Beseitigen-Wollen" der fdGO attestiert.[155] Definiert das Gericht die Beeinträchtigungsvariante mit Blick auf andere Fälle? Will es sich die Tür zur „erweiternde(n)"[156] Anwendung des Parteiverbots offenhalten? Oder geschieht dies mit Blick auf jene nachhaltige „Beeinträchtigung" der demokratischen Teilhabe aller, die später fallbezogen geprüft wird?[157]

---

153 Z. B. ergibt sich die „Demokratiefeindlichkeit" der NPD „aus ihrer Negation des Prinzips der parlamentarischen Demokratie" (Rn. 768); zur Kritik vgl. Parteiverbote, S. 59 und 104 f.

154 Rn. 556.

155 Vgl. Rn. 844 („nicht nur eine Beeinträchtigung, sondern eine Beseitigung").

156 Rn. 551.

157 Vgl. Rn. 551, 588 und 933; vgl. Inhaltsverzeichnis, S. 16: „Beeinträchtigung der Freiheit der politischen Willensbildung".

3. Ziele oder Verhalten der Anhänger

Da das Parteiverbot ein schwerer Eingriff in die Rechte jeder Opposition ist, liegt es nahe, den Wortlaut von Art. 21 II GG ernst zu nehmen und den Angriff auf die fdGO nach seiner Tragweite abzustufen: Eine Organisation, die nur agitiert, also mit ihren *„Zielen“* öffentlich auftritt, ist offenkundig und bis auf weiteres deutlich ungefährlicher als eine „schlagkräftige“ Truppe, die illegales, gewalttätiges *„Verhalten“* auf die Straße bringt. Anders gesagt: Der markante Unterschied zwischen *Zielen* und *Mitteln*, zwischen *Inhalt* und *Form* der Politik muss „verbotsrelevante“ Folgen haben.[158] Je mehr bloße Ziele im Spiel sind, desto stärker wird in den Kernbereich der Parteien- und Meinungsfreiheit eingegriffen – was eine „restriktive“ Auslegung herausfordern sollte, *Schadensbegrenzung* zu betreiben. Je mehr aber Rechtsbruch und Gewalt ins Spiel kommen, desto größer ist das öffentliche Interesse, die Verletzung demokratischer Spielregeln zu sanktionieren.

Das Urteil weiß von solchen Unterscheidungen nichts.[159] Seine Interpretation des Begriffs der *„Ziele“* bewegt sich in den Bahnen der fünfziger Jahre. Während in Rückgriff auf das SRP-Urteil – wo von den „wahren“ Zielen die Rede war –, jetzt die „wirklichen (…), nicht die vorgegebenen“ für maßgeblich erklärt werden, wird unter Berufung auf das KPD-Urteil die unterschiedslose Gesamtheit der „Nah- und Fernziele“ für verwertbar erklärt.[160] Damit sind dem ideologieanfälligen Streit um die „wirklichen“ Ziele und ihren „wahren“ Inhalt Tür und Tor geöffnet. Diese Vorgehensweise relativiert nicht nur die Bedeutung des Parteiprogramms, sie greift weit aus ins Feld politischer Phantasmen und Polemik. So kommt es, dass man der NPD vorwirft, sie missachte das Demokratieprinzip der fdGO, weil sie einen „autoritären Nationalstaat“ namens Deutsches Reich anstrebt;[161] oder ihr anlastet, dass sie gegen „die multikulturelle Gesellschaft (…) unter Rückgriff auf eine fremdenfeindliche Rhetorik vehement polemisiert“;[162] oder dass man ihr übelnimmt, sie plane eine „Stunde der Abrechnung“: „Für den Fall der erfolgreichen Umsetzung ihres revolutionären Anspruchs sollen die bisherigen Entscheidungsträger zur Verantwortung gezogen werden. Dies geschieht teilweise in menschenverachtenden *Formulierungen*.“[163]

158 Zur Unterscheidung zwischen Zielen und (gewaltsamen) Mitteln vgl. *Ralf Dreier*, Verfassung und Ideologie, in: ders., Recht – Moral – Ideologie (1981), S. 146ff., 155; *Volker Neumann*, Ziele oder Mittel? Eine Erinnerung an den Streit über Parteiverbote in der Endphase von Weimar, Staatstheater, S. 231ff.; *Morlok*, Dreier, GG-Kom., Bd. 2, 3. Aufl. 2015 Art. 21 Rn. 152.

159 Nur einmal ist von der „Durchsetzung ihrer Ziele mit demokratischen Mitteln“ die Rede (Rn. 930).

160 Rn. 559 und 558.

161 Vgl. Rn. 761 und 779.

162 Rn. 46 sowie 642, 666 und 700 („multikulturelle Jauche an der Ostküste der Vereinigten Staaten von Nordamerika“).

163 Rn. 796 und 792 (*kursiv* von uns).

Zuweilen fragt man sich, ob man ein Urteil in Sachen Parteiverbot liest oder das Dokument einer Art von Kulturkampf. Zu den Kuriosa zählen Stichworte wie diese: das Adorno-Bild eines Landtagsabgeordneten, „Nervendruckseminare“, das Lieblingsgedicht eines Parteifunktionärs (und dessen „objektiver Erklärungswert“), das „Winterhilfswerk“, die „liebe herrschende Klasse“ oder „Dekadenz und Fettleibigkeit“ in den USA.[164]

Der *Verhaltensbegriff* wird nicht eigens definiert, sondern bleibt Anhängsel der Zielebene: „Neben ihrer Programmatik können sich die Absichten der Partei im Verhalten ihrer Anhänger spiegeln“. Im Übrigen werden mit Blick auf die „Anhänger“ einer Partei verschiedene Zurechnungsprobleme differenziert abgehandelt. Unter dem „Anhängerverhalten“ scheint das Gericht schlechthin alle Aktivitäten zu verstehen, denn es nennt summarisch „Straf- und Gewalttaten“ sowie „parlamentarische Äußerungen“.[165] Das ist wiederum das Niveau der Verbotsurteile der fünfziger Jahre, wo „Verhalten“ nur eine Nebenrolle spielt: eben als Indiz für verfassungswidrige Absichten. Die fehlende begriffliche Unterscheidung zwischen Zielen und Verhalten verfestigt die einseitige Fixierung auf Politikinhalte.

> „Soweit ein Parteiverbot dazu führt, dass bestimmte politische Auffassungen tatsächlich aus dem Prozess der politischen Willensbildung ausgeschlossen werden, entspricht dies gerade der Grundentscheidung der Verfassung für eine ‚streitbare Demokratie‘“.[166]

Diese Konsequenz, im Urteil nur einmal offen ausgesprochen, ist überall aufzuspüren. Wer geistige Inhalte des öffentlichen Meinungskampf zum Anknüpfungspunkt für ein Organisationsverbot macht, statuiert Kommunikationsunrecht.[167] Dagegen ist einzuwenden, dass „unkörperliche Delikte“ im demokratischen Verfassungsstaat hochproblematisch sind und daher wenigstens „restriktiv“ eingehegt werden müssen. Pauschale Hinweise auf den „Charakter einer Präventivmaßnahme“ genügen nicht.[168]

Die Unterscheidung zwischen legalen Zielen und illegalem Verhalten ist die Sonde, mit der die irreführende, ja einlullende Rhetorik dieses Urteils auf ihre tatsächlichen Aussagen hin untersucht werden kann. Sie wirkt deshalb so suggestiv, weil sich hier präventiver Verfassungsschutz in gutgemeinte zeitgenössische Absichten kleidet. Nur einige Beispiele: Ein „Verstoß gegen die Menschenwürde“[169] beziehungsweise eine „Missachtung der Menschenwürde“[170] erfolgt durch „Diskriminierung von Ausländern“[171] oder durch „Äußerungen über Asylbewerber und Migranten“[172]. Nüchtern

---

164 Vgl. Rn. 741/808, 706, 958, 813 f, 828, 795, 665/699.

165 Vgl. Rn. 560 ff.

166 Rn. 517. Im SRP-Urteil (BVerfGE 2, 73) war noch unverblümt davon die Rede, es sei Sinn des Verbots, „diese Ideen selbst (…) auszuscheiden“, vgl. Parteiverbote, S. 35.

167 Zum Ganzen *Hoffmann-Riem*, Kommunikationsfreiheiten (2002).

168 Vgl. Rn. 584, „Präventionscharakter“ Rn. 522 und 605.

169 Inhaltsverzeichnis, S. 12 und Rn. 635 ff.

170 Rn. 698.

171 Inhaltsverzeichnis, S. 13 und Rn. 699 ff.

gesehen geht es bei solchen Vorwürfen nicht um wirkliche „Verstöße“ oder wirkliche „Diskriminierung“, sondern um ein „Konzept weitgehender Rechtlosstellung und entwürdigender Ungleichbehandlung“, um die „Menschenwürde missachtende Vorschläge“.[173] Es geht um die Sprüche gewisser NPD-Funktionäre, die hässliche Dinge sagen und Vorurteile schüren (indem sie zum Beispiel die „echte Thüringer“ Bratwurst[174] als Waffe rassistischer Beleidigung einsetzen). Wer das Urteil daraufhin sorgfältig studiert – das heißt wirkliche von verbalen Verletzungen unterscheidet – findet eine Fülle von Belegen. Alles wimmelt von „verfassungsfeindlichen“ Zielen und Absichten, an handfesten Taten indes mangelt es.[175]

Um Missverständnisse zu vermeiden: Wir teilen die Einschätzung des Gerichts, dass solche Aussagen die „rassistische, durch völkisches Denken geprägte Grundhaltung“ der NPD belegen.[176] Doch hier wie auch sonst an zahllosen Stellen in diesem Urteil geht der wesentliche Unterschied verloren: Fremdenfeindlichkeit und andere „Haltungen“ von Antidemokraten sind als solche kein tragfähiger Verbotsgrund.

Die undifferenzierte Ineinssetzung von Zielen und Verhalten ist einmal mehr ein Beleg dafür, dass die Rechtsprechung zum Parteiverbot (und ihr folgend die „herrschende Meinung“ der Literatur) ganz im Bann verfassungswidriger Ziele steht. So erweist sich alles „nur“ und „erst“ als auf Sand gebaut; denn es geht meistens um anstößige Inhalte.

Der Einwand, das Grundgesetz erlaube doch nun einmal das Verbot verfassungswidriger „Ziele“, geht fehl. Natürlich darf keine seriöse Interpretation diese „ideologische“ Variante der *Verfassungsstörung*[177] unter der Hand zurücknehmen, sie darf den Wortlaut nicht überspielen. Bis dahin erstreckt sich aber ein weiter Raum. Nur wenn „restriktive“ Auslegung ihn wirklich nutzt, kann sie der Aufgabe gerecht werden, das Parteiverbot als eine eng gefasste Ausnahme zu begrenzen. Die partielle Rücknahme der Parteien- und Meinungsfreiheit ist hochproblematisch; sie kann und darf, ja sie muss rechtsstaatlich eingehegt werden. Das Urteil resümiert, die NPD wolle die fdGO „nach ihren Zielen und dem Verhalten ihrer Anhänger“ beseitigen.[178] *In Wahrheit werden die Ziele unter der Hand zum Erkenntnismittel schlechthin.* Das ist die aus den Verbotsurteilen der fünfziger Jahre sattsam bekannte Methode.[179]

---

172 Vgl. Rn. 707 ff.; Würde „abzusprechen“ Rn. 721.

173 Rn. 689 und 713.

174 Vgl. Rn. 706.

175 Zur Diskussion von *Hate Speech* und der Unterscheidung zwischen verbalen und körperlichen Verletzungen vgl. *Timothy Garton Ash*, Redefreiheit (2016), S. 198 f., 315 ff., 330 f.

176 Rn. 699.

177 Zu diesem Begriff vgl. Parteiverbote, 264 ff; ähnlich *Morlok*, Dreier, GG-Kom., Bd. 2, 3. Aufl. 2015, Art. 21 Rn. 150.

178 Rn. 844.

179 Vgl. Staatstheater, S. 159, 162; so auch BVerfGE 107, 339, 378 („Zurechnung von Texten und Handlungen“).

Halten wir fest: Der *zweite folgenschwere Mangel* des Urteils besteht darin, auf die begrifflich naheliegende (weil im Normtext verankerte) Unterscheidung zwischen „Zielen“ und „Verhalten“ zu verzichten. Die Folge ist eine alles überwölbende Dominanz der zielbezogenen Parteiaktivitäten: verbotsrelevant sind mithin zahlreiche anstößige Äußerungen, die eigentlich unter dem Schutz der Meinungsfreiheit stehen. Zum Beispiel Wahlplakate mit dem Slogan „Gas geben“ oder „Geld für die Oma statt für Sinti & Roma“.[180] Ein Gericht, das hier die Frage der Strafbarkeit für unbeachtlich erklärt, macht sich zum Sittenwächter einer politischen Moral. Das ist sicher gut gemeint, aber nichtsdestotrotz fragwürdig.

Exkurs: Zurechnung von Mitglieder- und Anhängerverhalten

Maßstäbe

Ob ein Verhalten der Partei und ihrer „Grundtendenz“ zugerechnet werden kann, wird vom Gericht detailliert geprüft.[181] „Zuzurechnen ist einer Partei grundsätzlich die Tätigkeit ihrer Organe, besonders der Parteiführung und leitender Funktionäre“.[182] Daher können „Äußerungen oder Handlungen einfacher Parteimitglieder“ nur zugerechnet werden, wenn ihre „maßgebliche Beeinflussung“ durch die Partei festzustellen ist. Eine solche liegt vor, wenn das Verhalten „in einem politischen Kontext“ steht. Jener wird durch einen „organisatorischen Zusammenhang“, etwa eine Parteiveranstaltung, hergestellt. Fehlt es daran, rechnet das Gericht ein Verhalten allerdings auch dann zu, wenn es „von der Partei trotz Kenntnisnahme geduldet oder gar unterstützt“ wird, „obwohl Gegenmaßnahmen (Parteiausschluss, Ordnungsmaßnahmen) möglich und zumutbar wären“.[183] Damit bürdet das Gericht der Partei eine Distanzierungslast auf.

Zudem wird das Verhalten von „Anhängern“, die keine Mitglieder der Partei sind, zugerechnet. Und zwar dann, wenn „der politische Wille der betroffenen Partei“ in dem Verhalten des Anhängers „erkennbar zum Ausdruck“ kommt. Das Anhängerverhalten muss „eine in der Partei vorhandene Grundtendenz“ widerspiegeln oder sie muss „sich das Verhalten ausdrücklich zu eigen“ machen.[184] Notwendig ist also, dass die Partei das Verhalten entweder im Vorfeld „beeinflusst“ oder nachträglich „gebilligt“ und „gerechtfertigt“ hat. „Allerdings müssen konkrete Tatsachen vorliegen“, so das Gericht, „die es rechtfertigen, das Anhängerverhalten als Ausdruck des Parteiwillens anzusehen“.[185]

180 Vgl. 871 und 992 sowie Omaplakat: 217, 755 und 757 (Urteil VG Kassel „ohne Belang“, da eine „durchgängig geringschätzige Haltung“).

181 Vgl. Rn. 561–569 und oben Teil II. 6. (erstens bis sechstens).

182 Rn. 562.

183 Rn. 563.

184 Rn. 561.

185 Rn. 564.

Bei *Straftaten* von Anhängern verlangt das Verfassungsgericht, dass der Täter vorsätzlich und bewusst, das heißt in Verfolgung des verfassungswidrigen Parteiwillens die fdGO angreift. Entgegen der Ansicht des Bundesrats begründet aber „die Schaffung oder Unterstützung eines bestimmten politischen Klimas allein nicht die Zurechnung strafbarer Handlungen, die in diesem politischen Klima begangen werden“. Das Gericht erklärt klipp und klar: „Die pauschale Zurechnung von Straf- und Gewalttaten ohne konkreten Zurechnungszusammenhang scheidet aus.“ Eine Verantwortung der Organisation als solcher kommt daher nur in Betracht, „wenn die Partei sachliche oder organisatorische Hilfe geleistet hat, personelle Verknüpfungen zwischen der Partei und der handelnden Gruppierung bestehen oder Parteimitglieder an der jeweiligen Tat beteiligt waren“.[186] Diese Kriterien tendieren der Sache nach in Richtung einer strafbaren Beihilfe oder Mittäterschaft, was rechtsstaatlich betrachtet zu begrüßen ist. Allerdings führen vage gehaltene Begriffe wie „Beeinflussung“ oder „Billigung“ zu einer erweiterten Zurechnung von Verhaltensweisen, die nicht einmal strafbar sein müssen.

Fallbezug

Die Antragsteller haben sich bemüht, die Kameradschaften und Zusammenschlüsse des bewegungsförmigen Rechtsextremismus vor allem in Mecklenburg-Vorpommern und Sachsen generell als „Anhänger“ der NPD darzustellen. Das Gericht ist dem im Anschluss an die Sachverständigen Eckard Jesse und Dierk Borstel nicht gefolgt – eben weil die NPD keinen maßgeblichen Einfluss auf die Kameradschaftsszene ausübt. Eine Zusammenarbeit erfolgt nur „regional“, „einzelfallbezogen“ und ist „nicht organisatorisch verfestigt“. Eine „Führungsrolle“ hat die NPD nicht. Denn „einer dauerhaften Einbindung der Kameradschaften und freien Netzwerke stünde deren Selbstverständnis als Gruppen des außerparlamentarischen Widerstands entgegen“. So wird im Urteil im Gegenteil festgestellt: Die angeblich führende Partei werde „in weiten Teilen von Mitgliedern freier Netze und Kameradschaften dominiert“.[187]

Auch die Beschäftigung von anderen Rechtsextremisten als Mitarbeiter von Abgeordneten oder Parlamentsfraktionen der Antragsgegnerin hat „nicht zur Folge, dass diese als deren Vorfeldorganisationen angesehen werden können“.[188] Schließlich können auch die Anhänger der PEGIDA-Bewegung nicht als Parteianhänger vereinnahmt werden. Denn die Veranstalter in Dresden schließen die NPD aus, die auch im Übrigen die Potentiale anderer „Gida-Bewegungen“ nicht nutzen kann.[189]

Das Gericht schiebt einer pauschalen Zurechnung von Anhängerstraftaten bereits im Ansatz einen Riegel vor. Entgegen einer verbreiteten Annahme verneint es „hinreichende Anhaltspunkte“ für eine „Grundtendenz“ der NPD, „ihre verfassungsfeindli-

---

186 Rn. 566.

187 Rn. 928–932, 979; dazu schon *Leggewie*, Rechtsradikalismus zwischen Partei und Bewegung, Staatstheater, S. 199 ff.

188 Rn. 928.

189 Rn. 931.

chen Ziele durch Gewalt oder die Begehung von Straftaten durchzusetzen".[190] Die penible Auswertung von 57 Strafakten (auf die sich die Verbotsbetreiber beriefen) zeigt, dass ein erheblicher Teil der Taten „keinen politischen Hintergrund" hat. Die Verurteilungen umfassen „einen Zeitraum von 25 Jahren", betreffen „zu einem erheblichen Teil reine Propagandadelikte", erfolgten nach Jugendstrafrecht und sind „überwiegend der leichten Kriminalität zuzuordnen".[191]

Auch die jüngste „Gesamtentwicklung im Bereich ausländerfeindlicher Straftaten" kann der NPD dem Urteil zufolge nicht „zur Last gelegt werden". Denn es „genügt nicht, dass die [Partei] durch ihre menschenverachtende Agitation an der Schaffung eines ausländerfeindlichen Klimas beteiligt ist." „Erforderlich wären vielmehr konkrete Umstände, aus denen sich", so das Gericht, „eine solche Billigung von Anschlägen auf Flüchtlingseinrichtungen ergibt".[192] Anders gesagt: Die Partei muss das Handeln Dritter nur gegen sich gelten lassen, wenn sie es „herbeigeführt oder sich in sonstiger Weise zu eigen gemacht hat".[193]

Noch am letzten Tag des Karlsruher Verbotsprozesses beteuerte der Präsident des sächsischen Verfassungsschutzes, die NPD sei für die Ausschreitungen im Sommer des Jahres 2015 in Dresden und Heidenau verantwortlich. Das Gericht kommt zu einem anderen Ergebnis: Die Gewalttaten fanden nach Abschluss der NPD-Demonstrationen statt, ohne dass Aufrufe, Beteiligungen oder eine Billigung der NPD erkennbar oder nachgewiesen wären.[194] Alles in allem, lässt sich bilanzieren, wird die ausdifferenzierte Zurechnungsdogmatik dem „Verhalten" der NPD gerecht.

4. „Darauf Ausgehen"

> Ein Parteiverbot dient der Gefahrenabwehr. Dies ist der entscheidende Bezugspunkt...
>
> Martin Morlok (2001)[195]

Bei der Interpretation des Begriffs „Darauf Ausgehen" setzt das Gericht zunächst seine Präventionslinie konsequent fort, bietet dann aber – kurz bevor das Verbot der NPD unausweichlich erscheint –, eine den Fall entscheidende Innovation: das Erfordernis der „Potentialität".

Das Parteiverbot „sanktioniert nicht Ideen oder Überzeugungen", es „beinhaltet kein Gesinnungs- oder Weltanschauungsverbot", versichert das Urteil, „sondern ein Orga-

---

190 Rn. 951.

191 Rn. 953 ff.; dazu schon *Lichdi*, Sächsische Szenen, Staatstheater, S. 206 ff.

192 Rn. 952.

193 Rn. 979.

194 Rn. 964–967. – Das Gericht stützt sich auf *Nattke*, Die Krawalle in Heidenau, Freital und Dresden. In: Lichdi (Hrsg.), Darf die NPD wegen Taten parteiloser Nazis verboten werden? (2016), S. 53 ff. – als Download verfügbar: https://www.boell.de/de/2016/03/01/darf-die-npd-wegen-taten-parteiloser-neonazis-verboten-werden.

195 Schutz der Verfassung durch Parteiverbot?, in: Leggewie/Meier, Verbot der NPD? (2002), S. 73.

nisationsverbot“.[196] Das macht sich gut in den Leitsätzen, und es wird bald zu finden sein im Lesebuch für die Oberstufe. *Leider verspricht der mit Abstand schönste Satz des Urteils mehr, als die Gründe halten.* „Erst wenn eine Partei mit ihren verfassungsfeindlichen Zielen nach außen tritt“[197], beteuert das Gericht, überschreite sie die Grenze vom „Bekennen“ zum „Bekämpfen“. Diese „Erst“-Rhetorik klingt langmütig, taugt aber praktisch nichts. Denn was hat Opposition davon, dass sie sich in den Hinterzimmern geschlossener Parteiversammlungen geräuschlos zu ihren „verfassungsfeindlichen“ Idealen „bekennen“ darf? Besagtes „Außen“ ist die Gesellschaft, die politische Wirklichkeit, in der eine Partei bei Strafe ihres Absterbens auftreten muss. Wo wenn nicht hier hätte sich die Freiheit der Opposition zu erweisen? Schließlich ist bei allen kommunikativen Freiheiten „nicht nur die Äußerung, sondern auch deren Wirkung geschützt; das muss auch für politische Parteien gelten“.[198]

„Erst“ beim „Überschreiten der Schwelle zur Bekämpfung“ werde aus dem Bekenntnis eine verbotsrelevante Handlung.[199] Aber was taugt eine „handlungsbezogen[e]“ Schwelle, die jede politisch aktive Partei ohnehin überschreitet? Das Gericht bemüht die aus dem KPD-Urteil bekannte Hohlformel „aktiv kämpferische, aggressive Haltung“ – und macht sich offenbar zu eigen, dass eine solche „Haltung“ bereits in „Reden“ führender Funktionäre zum Ausdruck kommen kann.[200] Das bestätigt den Eindruck, dass eine Partei, nur weil sie im politischen Wettbewerb mit bestimmten Inhalten öffentlich wahrnehmbar wird, zur Gegnerin der fdGO mutiert.

Die Tendenz, das Parteiverbot zu ideologisieren, setzt sich fort in der synonymen Verwendung der Begriffe „planvolles Handeln“ und „qualifizierte Vorbereitung“.[201] Denn darunter wird, genauer besehen, weiter nichts verstanden als Parteiaktivitäten, die „zielorientiert“ verklammert sind und sich allgemein erlaubter Mittel bedienen.[202] Es genügt ein der fdGO „widersprechendes politisches Konzept“.[203] Damit soll aber bereits die Grenze zwischen bloßem „Bekennen“ und verbotsrelevantem „Bekämpfen“ überschritten sein.[204] Wenn also das Gericht der NPD bescheinigt, sie sei bestrebt, „planvoll“ und „qualifiziert“ die fdGO zu beseitigen, dann bewegt sich die Argumentation ganz auf der Ebene des Meinungskampfes. All das ist so wenig „qualifiziert“, dass

196 Rn. 573.

197 Rn. 573.

198 *Brugger*, Gewährleistung von Freiheit und Sicherheit, VVDStRL 63 (2004), 101, 140.

199 Leitsatz 6a; Rn. 570/573.

200 Rn. 598 und 574.

201 Zum Begriff „qualifizierte Vorbereitungshandlung“ vgl. Parteiverbote, S. 271–274 und Staatstheater, S. 172; ähnlich *Morlok*, Dreier, GG-Kom., Bd. 2, 3. Aufl. 2015, Art. 21 Rn. 150.

202 Rn. 577 „darüber hinaus“, dagegen Rn. 575 „im Sinne“; dementsprechend die Subsumtion „planmäßiges Hinarbeiten“ Rn. 846 ff. (*ohne* eigene Prüfung einer „qualifizierten Vorbereitung“).

203 Rn. 576.

204 Rn. 573.

wir es nicht einmal mit einem eigenständigen Kriterium zu tun haben. Es geht lediglich um eine gewisse „Intensität" radikaler politischer Konzepte.[205] Wie um seine zielfixierte Tendenz zu bekräftigen, resümiert das Gericht, es brauche kein „strafrechtlich relevantes" oder sonstiges „gesetzeswidriges" Handeln" vorliegen.

Die ganze planvolle, qualifizierte Vorbereitung muss sich auch nicht zu einer *konkreten Gefahr* verdichtet haben. Warum eigentlich nicht? Weil sich der „Zeitpunkt, ab dem eine konkrete Gefahr vorliegt", „regelmäßig nicht genau bestimmen" lasse. Die Ungewissheit, ob eine Gefahr auftritt, soll eine Gefahrenvorsorge rechtfertigen, die bereits dem *Entstehen* von Gefahren vorbeugt. „Historische Erfahrung" besagt, heißt es im Urteil, dass „radikale Bestrebungen" bekämpft werden müssen, bevor sie „an Boden gewinnen".[206] Das ist so allgemein formuliert richtig, kann aber doch nicht bedeuten, dass auf die Bestimmung des „richtigen Zeitpunkts"[207] verzichtet werden dürfte! Welche Stärke darf denn nicht abgewartet werden? Und müsste die Ausnahme, die ein Verbot darstellt, nicht ihrerseits im Lichte der Parteienfreiheit begrenzt werden? „Weit im Vorfeld"[208] diffuser Nichtgefahren kann der richtige Zeitpunkt ja erst recht nicht genau bestimmt werden.

Außerdem wäre zu fragen, ob nicht wenigstens eine *abstrakte Gefahr* vorliegen muss. Unausgesprochen gilt wohl die Faustregel: nicht zu lange abwarten, lieber zu früh als zu spät eingreifen, in dubio contra libertatem. Dort, wo eine rational überprüfbare, freiheitssichernde Grenzlinie zu ziehen wäre, bleibt das Urteil praktische Antworten schuldig. Die Frage nach dem *richtigen Zeitpunkt*, einmal gestellt, öffnet den Blick auf ein ungelöstes Problem des deutschen Parteiverbots.[209]

In Sachen *„Darauf Ausgehen"* ziehen wir folgende *Zwischenbilanz:* Das Konzept des „präventiven Organisationsverbot(s)" entpuppt sich als Verfolgung von Gesinnungen und Weltanschauungen. Um die Grenze zwischen Bekennen und Bekämpfen zu überschreiten, genügt nämlich eine planvolle, qualifiziert-zielgerichtete politische Propaganda in parteitypischem Stil. Damit wird aber, trotz gegenteiliger Beteuerungen, die geistige Wirkung friedlich-legaler Opposition[210] zum Anknüpfungspunkt: grundrechtlich geschützte Freiheit ist „verbotsrelevant", und so verkehrt sich das Regel-Ausnahme-Verhältnis tendenziell ins Gegenteil. Das ist, sagen wir es einmal schnörkellos, ein Frontalangriff auf die Parteien- und Meinungsfreiheit. Auf diese Weise

205 Rn. 556.

206 Rn. 583.

207 Rn. 613, 620 f. (im Kontext EMRK).

208 Rn. 522.

209 Vgl. Staatstheater, S. 174 f.

210 Einerseits ist „die Ausschöpfung aller friedlich-legalen Protestformen" hinzunehmen (Rn. 989), z. B. Protestkundgebungen, Transparente oder Sprechchöre (Rn. 985 f.); andererseits bleibt die „bloße Teilnahme... am politischen Meinungskampf" nur unberücksichtigt, soweit „diese die Grenzen des im demokratischen Diskurs Zulässigen nicht überschreitet" – Kontext „Atmosphäre der Angst oder Bedrohung" (Rn. 983 f).

werden sehr wohl bestimmte Inhalte des politischen Meinungskampfs, das heißt „Ideen oder Überzeugungen“ sanktioniert – eben weil man sich mit „verfassungswidrige[m] Gedankengut“ beschäftigt.[211] Doch bereits im KPD-Urteil wollte das Gericht von den Konsequenzen seiner Interpretation nichts wissen; es verwahrte sich gegen den Vorwurf, Art. 21 II GG „verfolge bereits eine bestimmte politische Gesinnung“.[212]

Geht man die bisherigen Kriterien im Geiste durch, drängt sich die Vermutung auf: Bald führt am Verbot der NPD kein Weg mehr vorbei. Letzte Gelegenheit also, mit der „restriktiven“ Auslegung ernstzumachen.

Kritik der „Potentialität“

Es bedarf „konkreter Anhaltspunkte von Gewicht“, die einen Erfolg des gegen die fdGO gerichteten Handelns „zumindest möglich erscheinen lassen“, lautet die fallentscheidende Formel.[213] Im letzten gedruckten Brockhaus von 2006 wird das Stichwort „Potentialität“ nicht aufgeführt, dafür aber „Potenzial“: die „Gesamtheit aller verfügbaren Mittel, Energien; Leistungsfähigkeit“. Unter dem Stichwort „Potenz“ heißt es: „allgemeine Leistungsfähigkeit, Stärke“; und „potent“ liest sich im alltäglichen Sprachgebrauch als „stark, einflussreich, mächtig“. Nichts von alledem hat die NPD zu bieten. Aufmerksamen politischen Beobachtern ist das nicht entgangen, und es brauchte kein Verfassungsgericht, um dies höchstrichterlich zu beglaubigen.

Mit Blick auf die Rechtsprechung des EGMR erklärte der ehemalige Verfassungsrichter Dieter Grimm 2012: „Das Straßburger Gericht fragt nicht nur nach der Absicht, die verfassungsmäßige Ordnung zu beseitigen, sondern auch nach der Erfolgswahrscheinlichkeit.“[214] Im NPD-Urteil wird dagegen, was einen Erfolg betrifft, nicht einmal die geringste *Wahrscheinlichkeit* gefordert, sondern nur eine denkbar vage *Möglichkeit*, eine Art Restrisiko.[215] Von der Verbotsdrohung bleiben nur Parteien verschont, die total ohnmächtig und wirkungslos sind, das heißt von vornherein keinerlei Erfolgschance haben. Das ist vom *absoluten Minimum* her gedacht: die planvoll und qualifiziert verfolgten verfassungswidrigen Bestrebungen dürfen „nicht völlig aussichtslos“ erscheinen.[216] Sie erschöpfen sich in äußerst bescheidenen „hinreichende[n] Wirkungsmöglichkeiten“, die knapp oberhalb der Bedeutungslosigkeit angesiedelt sind.

Die Prüfung von „Potentialität“ erfolgt auf zwei Ebenen: einerseits für die „bloße Beteiligung (…) am politischen Meinungskampf“, andererseits für „sonstige Mittel“.[217]

211 Rn. 585 und 573 sowie 589 und 923.

212 Vgl. BVerfGE 5, 143; Parteiverbote, S. 94.

213 Vgl. Leitsatz 6 c) und Rn. 585 ff.

214 Zit. nach Staatstheater, S. 146; vgl. Rn. 619 (Grimm zu EMRK).

215 „Risiken“, Leitsatz 1. Dagegen spricht von „Wahrscheinlichkeitsprognose“ *Gusy*, Verfassungswidrig, aber nicht verboten!, NJW 2017, 601, 602. Instruktiv zur Unterscheidung von Gefahr und Risiko *Alter*, Parteiverbot, AöR 140 (2015), 571, 581 f.

216 Rn. 586.

217 Rn. 587.

Auf der ersten Ebene werden zunächst die parlamentarischen Erfolgsaussichten geprüft. Man darf nicht übersehen, dass es hierbei um ausschließlich friedlich-legale Aktivitäten geht: um Wahlerfolge, dauerhafte Vertretung in Parlamenten, Koalitionsfähigkeit und die Möglichkeit der Regierungsbeteiligung. Das hat gravierende Folgen für die Grenzziehung, denn die Frage des „Darauf Ausgehens" – und damit des Verbots – entscheidet sich in einem Kontinuum der Legalität. Was aber charakterisiert „Anhaltspunkte von Gewicht", die legale Grundrechtsausübung in einen verfassungswidrigen Angriff verwandeln? In welcher Stärke zum Beispiel müsste eine Partei im Parlament vertreten sein? Das Gericht nennt keine Prozentzahlen, lässt also alles offen.

Zu den außerparlamentarischen Aktivitäten zählt das Gericht nicht nur friedliche Demonstrationen, sondern auch die zweite Ebene der „sonstigen Mittel", nämlich „Gewalt oder die Begehung von Straftaten". Die Feststellung, dass solche Taten „eine gewisse Potentialität" indizieren, ist treffend und versteht sich im Grunde von selbst. Schließlich ist die Anwendung von Gewalt der untrügliche Beweis, dass eine Partei die Spielregeln des friedlichen Wettbewerbs verletzt. Problematisch wird es allerdings, wo diese Indizwirkung auch einem Verhalten „unterhalb der Ebene" des Strafrechts zugesprochen wird: nämlich der Herstellung einer „‚Atmosphäre der Angst' oder der Bedrohung", die geeignet ist, die demokratische Teilhabe aller „nachhaltig zu beeinträchtigen". Die Indizwirkung soll selbst dort greifen, wo „derartige Beeinträchtigungen" nur „in regional begrenzten Räumen" wirksam werden („national befreite Zonen").[218]

Wie aber könnte hinreichend klar unterschieden werden, ab wann ein an sich legales „Dominanzstreben" in eine verfassungswidrige Aktivität umschlägt? Die „Dominanz" einer Partei ist zunächst einmal ein politischer Erfolg, der ihre Gegner entmutigen mag, den diese aber im Wettbewerb der Parteien bis auf weiteres ertragen müssen. Erst strafrechtlich relevante „Bedrohungen", die eine „Atmosphäre der Angst" erzeugen, gehen darüber klar hinaus, erst solche dürften verbotsrelevant sein. Hier rächt sich einmal mehr, dass das Gericht begrifflich-systematisch nicht zwischen legalen Zielen und illegalen Kampfmethoden unterscheidet, ja dies ausdrücklich ablehnt.[219] Das hat zur Folge, dass überall dort, wo um der Parteienfreiheit willen klare Grenzen notwendig sind, die Eingriffsvoraussetzungen unbestimmt bleiben und im Zweifel niedrig liegen.

Politische Impotenz der NPD

Mangelnde „Potentialität" bedeutet fallbezogen, was in den besten Passagen dieses Urteils Punkt für Punkt abgehandelt wird: kümmerliche Wahlergebnisse, Mitgliederschwund, desolate Finanzlage und so weiter und so fort. „National befreite Zonen" – Fehlanzeige, „Atmosphäre der Angst" – Fehlanzeige.[220] Und ein „nationales Begegnungszentrum" wie in Anklam oder „nationalrevolutionäre Graswurzelarbeit" wie die

218 Rn. 588.

219 Vgl. Rn. 578.

220 Vgl. Rn. 934 ff. und 977 ff.

Veranstaltung von Kinderfesten oder Hartz-IV-Beratungen machen noch „keine Bekämpfung der Verfassungsordnung“.[221] Am Ende bleiben einige wenige gewaltförmige Straftaten und Vorfälle, die indes keine Grundtendenz der NPD ausmachen. Eine solche Partei ist weit, sehr weit von der Möglichkeit eines Erfolges entfernt. Wie sollte es auch anders sein? Wir denken an den Prozess, in dem der Politologe Eckhard Jesse als Gutachter nüchtern feststellte: „Dominanzstreben ist keine Dominanz.“

Kurz und gut: Das ganze Tun und Streben dieser Kleinpartei ist „völlig aussichtslos“. Daher geht sie nicht „darauf aus“, die fdGO zu beseitigen. Der NPD wird politische Impotenz bescheinigt und nur deshalb kommt sie ungeschoren davon. Die Logik ist zwingend, denn „radikale Bestrebungen“ einer isolierten Splitterpartei, die nichts weiter als ein untauglicher Versuch sind, braucht nicht einmal die „streitbare“ Demokratie vorbeugend zu verfolgen.[222] Sie sind schlicht unbeachtlich.

„Potentialität“ als Surrogat für eine objektive Gefahrenlage

Ein Urteil, das sich für die NPD im Ergebnis als fabelhaft tolerant darstellt, könnte für andere Parteien durchaus einschneidende Konsequenzen haben. Denn die Toleranz des „wehrhaften Verfassungsstaat(es)“[223] erschöpft sich darin, seine ohnmächtigen Gegner von der präventiven Unterdrückung auszunehmen. Alle anderen hingegen, denen auch nur im Entferntesten zugetraut wird, ihr Treiben könnte sich eines fernen Tages zu einer Gefahr auswachsen – all diese bewegen sich in der Verbotszone.

Halten wir fest: Der *dritte folgenschwere Mangel* des Urteils liegt darin, dass es von *konkreten* Gefahren nichts wissen will und auch sonst keinen Gefahrenbegriff entwickelt: nicht einmal den einer *abstrakten* Gefahr oder wenigstens die Kriterien einer objektiv benennbaren *Gefahrenlage.* Stattdessen begnügt sich „Potentialität“ mit der denkbar minimalen Möglichkeit eines Restrisikos – nämlich mit einem Erfolg, der „nicht völlig ausgeschlossen“ werden kann, dessen Eintrittswahrscheinlichkeit und Folgenschwere also ganz ungewiss ist. Bezogen darauf aber können die „konkreten Anhaltspunkte von Gewicht“ weder konkret werden noch ein Gewicht erlangen, das der Parteienfreiheit gerecht wird. Denn der vom Gericht so stark betonte und allzu pauschal bemühte Präventionszweck tendiert naturgemäß ins Uferlose, soll er doch den Eingriff „weit im Vorfeld“ einer konkreten, das heißt aber noch gar nicht existenten Gefahr ermöglichen.[224] Daher findet ein Gericht, das nicht etwa eine „Gefahrenschwelle“[225] errichtet, sondern ein Präventions-Mantra murmelt, aus dem selbstverschuldeten Zirkel verfassungswidriger Ziele und Absichten nicht heraus.

221 Vgl. Rn. 942 ff. und 922 f.

222 Vgl. Rn. 583 und 586. Die NPD, weit entfernt von jeder Verwirklichung, sieht sich selbst als finanziell klamme „Rest-Gefahr“ (Rn. 345/7).

223 Rn. 578.

224 Rn. 522.

225 So aber in seinem Kommentar am Tag der Urteilsverkündung *Jürgensen*, Der Demokratie zumutbar?, Verfassungsblog vom 17. 1. 2017.

Der richtige Zeitpunkt: nicht zu spät, aber auch nicht zu früh

Zentrale Aufgabe einer rechtsstaatlichen Interpretation ist es, einerseits den offenkundigen Präventivcharakter des 21 II GG ernst zu nehmen, andererseits den politischen Handlungsspielraum von Opposition zu schützen. Das kann nur gelingen, indem man das „Darauf Ausgehen" auf eine sich wenigstens in Ansätzen verdichtende und konkret benennbare Gefahrenlage bezieht. Prävention zielt auf Gefahrenvorsorge, also die „Gefahr einer Gefahr". Das ist völlig unzureichend. Um den richtigen Zeitpunkt für einen Eingriff zu bestimmen, muss man beides im Blick haben: was bezogen auf Prävention *nicht zu spät* erfolgen soll, darf bezogen auf die Parteienfreiheit *nicht zu früh* greifen. Winfried Brugger unterscheidet „vier Konzeptionen zum Parteiverbot" und diskutiert eine Typologie, die von bloß fdGO-widrigen Inhalten und einem Restrisiko über eine abstrakte bis hin zur konkreten Gefahr reicht.[226] Davon ausgehend wäre in der Grauzone zwischen abstrakter und konkreter Gefahr zu bestimmen, was das Gewicht eines gegenwärtigen Angriffs ausmacht. Es geht um jene „feine Linie zwischen Schon-Angriff und Noch-nicht-reale-Gefahr, die nicht leicht präzise zu fassen ist".[227]

Das Gericht weicht dieser Aufgabe aus, indem es, angelehnt an den polizeirechtlichen Begriff der konkreten Gefahr, zu einem *argumentum ad absurdum* greift: Man dürfe nicht so lange warten, bis der Grundordnung „bei ungehindertem Geschehensablauf mit hinreichender Wahrscheinlichkeit" das Ende droht.[228] Als würde das in der heutigen Debatte um das Parteiverbot irgendjemand vertreten. Es geht nicht um eine zugespitzte revolutionäre Lage, eine akute Umsturzgefahr; es geht um eine praxistaugliche Eingriffsschwelle mit Augenmaß. Wer das Parteiverbot als rationale Gefahrenabwehr konzipieren will, muss es, wie Maximilian Alter darlegte, gegen „ideologische Risikovorsorge" abgrenzen und „Kriterien für die Gefahrenbestimmung" entwickeln. Das läuft auf eine fallbezogene, empirisch gesättigte Prognose hinaus. Nur solche

226 *Brugger*, Gewährleistung von Freiheit und Sicherheit, VVDStRL 63 (2004), 101, 138, 145: „Gefahr einer Gefahr" und 142 ff: „vier Konzeptionen". Zur Notwendigkeit der rechtsstaatlichen Begrenzung „im Vorfeld von Gefahr und Verdacht", wo „diffuse Risiken" vermieden werden sollen vgl. *Hoffmann-Riem*, Sicherheit braucht Freiheit, in Kritische Justiz (Hrsg.), Verfassung und gesellschaftliche Realität (2009), S. 54 ff, 57 f; grundlegend *Denninger*, Vom Rechtsstaat zum Präventionsstaat, in: ders., Recht in globaler Unordnung (2005), S. 223 ff..

227 So Bernhard Schlink im Gespräch „Mit *Rechts* leben", Staatstheater, S. 218 ff., 222.

228 Rn. 583, ähnlich Rn. 621 (Kontext EMRK). – Während man bei der Frage eines Verfahrenshindernisses die von einer Partei ausgehenden „Gefahren" in die Abwägung einstellt, um den Präventionszweck sogar gegen rechtsstaatliche Prinzipien stark zu machen (vgl. Rn. 401 und 426), ist von solchen Gefahren bei den „Hürden" gegen einen Eingriff kaum noch die Rede. Es lohnt sich, die Vielzahl der *Gefahrentopoi im Einstellungsbeschluss von 2003* nachzulesen, vgl. BVerfGE 107, 339, 365 [Minderheit]: „spezifische Gefahrenabwehrzwecke, 371: „konkrete Gefahrensituation" – [Mehrheit] 385: „konkrete Gefahrenlage", „Gefährlichkeit der Partei", 386: „Aufgabe der Gefahrenabwehr", „außergewöhnliche Gefahrenlagen", 387: „Aufklärung des konkreten Ausmaßes der Gefahr", „konkret nachweisbare Gefahr", „Gefahrenpotenzial", 390: „Gefahrenverdacht", „den besonderen Gefahren begegnen", 394: „keine nennenswerte parteispezifische Gefährlichkeit".

Parteien wären demnach verbotsrelevant, von denen hier und heute „absehbar“ ist, dass sie „in nächster Zeit“ imstande sind, die fdGO massiv zu stören – und zwar nicht bloß ideell durch provozierende Meinungen, sondern faktisch, das heißt in Wirklichkeit, im Kampf um (außer-)parlamentarischen Einfluss.[229]

5. Resümee „restriktive“ Auslegung: Hohe Hürden sehen anders aus

> „Natürlich muss das Gericht seine eigene Rechtsprechung immer wieder selbstkritisch beleuchten. (...) es gibt (...) die Notwendigkeit, unter veränderten Rahmenbedingungen an der einen oder anderen Stelle nachzusteuern, um Buchstaben und Geist der Verfassung Rechnung zu tragen. Das haben wir im NPD-Verfahren gerade gemacht, wo wir den 60 Jahre alten Maßstab aus dem KPD-Urteil für die Verfassungswidrigkeit von Parteien in einem Punkt angepasst haben.“
>
> Peter Müller (2017)[230]

Was als „Gebot der restriktiven Auslegung“ begann, endet in der extensiven Lesart überwunden geglaubter Zeiten. Das Gericht will „die Gelegenheit genutzt“ haben, die verfassungsrechtlichen Maßstäbe „zu überdenken“. Es glaubt, eine „hohe Schwelle“[231] für das Parteiverbot gesetzt zu haben. Das ist, wie wir gesehen haben, leider nicht der Fall: Die Maßstäbe des Jahres 2017 sind – bis auf eine Ausnahme – im Endeffekt die der fünfziger Jahre. Selbst die einzige markante Differenz zum KPD-Urteil, der Begriff der *„Potentialität“*, führt praktisch kaum weiter. Um davon abzusehen, eine Partei, die nicht den Hauch einer Chance auf Erfolg hat, präventiv auszuschalten, braucht man keine „restriktive“ Interpretation, sondern nur ein wenig Realitätssinn. Alles in allem wurde im NPD-Urteil die Chance, einer „demokratieverkürzenden Ausnahmenorm“ mit einer aufgeklärt-liberalen Lesart den Stachel zu ziehen, weitgehend verspielt: Weil das Gericht der „Ideologie der streitbaren Demokratie“ erlegen ist und diese perpetuiert.[232]

Ein anderer folgenschwerer Mangel des Urteils liegt darin, auf die im Wortlaut des Art. 21 II GG angelegte begriffliche Unterscheidung zwischen „Zielen“ und „Verhalten“ zu verzichten. Die Folge ist eine alles überwölbende *Dominanz der zielbezogenen Parteiaktivitäten:* verbotsrelevant sind mithin regelmäßig „extremistische“ Äußerungen, die eigentlich unter dem Schutz der Meinungsfreiheit stehen. So gerät das, was doch als der einzig „richtige Weg“, die „wirksamste Waffe“ gegen menschenverachtende Ideologien beschworen wird, aus dem Blick: die „ständige geistige Auseinandersetzung“, der freie Wettbewerb der „politischen Ideen“, eben die demokratische Regel.[233]

229 Dazu *Alter*, Parteiverbot, AöR 140 (2015), 571, 583 ff., 594 ff.

230 Interview Verfassungsblog vom 24. 2. 2017.

231 Einführung *Voßkuhle*, S. 7 und Rn. 1008.

232 Vgl. die gleichnamige Schrift (1979) von *Ridder* und seine (ungeachtet gewisser Widersprüche) wegweisende Rezension des KPD-Urteils „Streitbare Demokratie“? (1957), nachgedruckt in Helmut Ridder, Gesammelte Schriften, hrsg. von D. Deiseroth/H. Derleder/F.W. Steinmeier (2010), S. 540 ff.

233 Rn. 524.

Ein weiterer schwerwiegender Mangel liegt darin, dass das Gericht von ***konkreten*** Gefahren nichts wissen will und auch sonst keinen operationalisierbaren Gefahrenbegriff entwickelt. Der stattdessen präsentierte Begriff der „Potentialität" vermag aber, wie gezeigt, eine wenigstens in Ansätzen verdichtete Gefahrenlage nicht zu ersetzen. Wer ohne greifbare, objektiv bestimmbare Gefahr verbietet, verbietet objektiv ungefährliche Parteien – und damit nicht mehr als mutmaßlich gefährliche Ideen. Im Ergebnis wird daher ein „schwerwiegende(r) Eingriff", der angeblich „nur unter besonderen Voraussetzungen gerechtfertigt sein kann", denkbar leicht gemacht.[234]

All das belegt: *Es gibt keine „praktische Konkordanz" zwischen Freiheit und Ausgrenzungsfreiheit.* Prävention muss auf jeder Stufe der Interpretation mit der Parteienfreiheit zusammengedacht und austariert werden, anders ist der politische Aktionsradius von radikaler Opposition nicht zu verteidigen. Die Grenzziehung ist deshalb so extrem schwierig, weil das Gericht grundrechtsgeschützte Aktivitäten ausdrücklich für „verbotsrelevant" erklärt und sich mit der Fixierung auf verfassungswidrige Ziele des bewährten Maßstabs der Legalität vollends begibt. Damit aber verstrickt es sich heillos in einen ideologischen Kampf, der mehr von der innenpolitischen Großwetterlage als von der Verfassung bestimmt wird.

VI. Die Probe aufs Exempel: SRP, KPD und AfD

Potentialität von SRP und KPD

Die Verbotsbetreiber haben die verdiente Quittung für ihren Versuch bekommen, eine bedeutungslose Sekte zur staatsgefährdenden Organisation hochzustilisieren. Jedes Gericht, das dem aufgesessen wäre, hätte sich der Lächerlichkeit preisgegeben. Die heutige NPD ist noch weit schwächer als in den fünfziger Jahren SRP und KPD; es bedurfte keiner hohen Hürden, um den Antrag abzulehnen. Was „Potentialität" praktisch wert ist, zeigt nun aber die Probe aufs Exempel.

Wäre die SRP 1952 nach dem Maßstab des Jahres 2017 verboten worden oder nicht? Schwer zu sagen. Sie hatte an die 10.000 Mitglieder und errang bei Landtagswahlen in Niedersachsen und Bremen 11 % bzw. 8 %; im Bundestag hatte sie zwei Mandate (von Überläufern).[235] Die Möglichkeit des Erfolgs hängt immer auch vom Milieu ab, und man könnte sagen: Dieser nur halbwegs entnazifizierten westdeutschen Gesellschaft war noch Schlimmes zuzutrauen. Also Erfolg sehr unwahrscheinlich, aber wegen zahlreicher Altnazis „nicht völlig aussichtslos" = Verbot!

Und die KPD, wäre sie 1956 wegen hinreichender „Potentialität" verboten worden oder nicht? Die westdeutsche KP hatte damals immerhin noch 75.000 Mitglieder (mit

234 Rn. 524.

235 *Schmollinger*, SRP, in: Richard Stöss (Hrsg.), Parteien-Handbuch, Bd. 2 (1984), S. 2274 ff., 2278, 2321.

abnehmender Tendenz zuletzt an die 20.000).[236] Die Partei, die im Parlamentarischen Rat mitgearbeitet hatte, war zwar nicht mehr wie anfangs in allen Landtagen (nur noch in Niedersachsen und Bremen) und auch nicht mehr im Bundestag vertreten. Dafür erreichte sie 1953 bundesweit immerhin noch 2,2 % (1949: 5,7 %). Sie war außerparlamentarisch kampagnenfähig (gegen „Remilitarisierung“ und „Atomrüstung“) und teilweise mit Betriebsgruppen präsent. Außerdem hatte sie einen mächtigen „großen Bruder“ in Ostberlin und in Moskau. Das machte die „rote Gefahr“, die in Westdeutschland objektiv gering war, sozialpsychologisch spürbar stärker. Also Erfolg wegen bescheidener eigener Kräfte sehr unwahrscheinlich, aber angesichts des Weltkommunismus „nicht völlig aussichtlos“ = Verbot!

Man sieht, wie unberechenbar „Potentialität“ ist: gerade vage genug, um damit je nach Fall und politischer Lage, je nach „Gesamtschau“ aller Umstände zu verbieten – oder vielleicht auch nicht.[237]

Verbot der AfD?

Dass selbst eine Zwergpartei wie die NPD haarscharf an einem Verbot vorbeischlidderte, belegt auf besorgniserregende Weise, wie niedrig die Eingriffsschwelle ist. Für die nächsten Fälle lässt das nichts Gutes erwarten. Was also, sollten sich einmal Parteien mit einem gewissen Potenzial gegen die Grundordnung verschwören? Der Vorsitzende des Zweiten Senats, Präsident Voßkuhle, erklärte während der zweistündigen mündlichen Urteilsbegründung:

> „Meine Damen und Herren, es wäre verfehlt, Wert und Bedeutung des Verfahrens allein vom konkreten Ergebnis her zu beurteilen. Sein Ertrag reicht deutlich weiter“ (…). „Vor diesem Hintergrund“ [beseitigter Zweifel über mögliche Verfahrenshindernisse und eines Überdenkens der Maßstäbe] „können die Erfolgschancen etwaiger künftiger Parteiverbotsverfahren sehr viel besser eingeschätzt werden. Sie dürften auch sehr viel zügiger durchführbar sein. (…) Die Bundesrepublik Deutschland als wehrhafte Demokratie wird sich daher weiterhin ihrer ernsthaften Verfassungsfeinde wirksam erwehren können!“[238]

Who’s next? Während des NPD-Verfahrens wurde desöfteren auf die „eigentlich gefährlichere“ AfD verwiesen. Indes ist unklar, ob und inwieweit sich der Rechtspopulismus mit der herkömmlichen Extremismustheorie erfassen lässt.[239] Wir wollen das Beispiel der AfD einmal kurz durchspielen (zumal hier und da deren Beobachtung durch den Verfassungsschutz gefordert wird: hierzulande ein untrügliches Zeichen für

236 *Staritz*, KPD, in: Richard Stöss (Hrsg.), a.a.O. (Fn. 235), S. 1663 ff., 1666/74.

237 Rn. 803 u. ö.

238 Einführung *Voßkuhle*, 6 und 8; AfD einmal erwähnt (Rn. 905).

239 Dazu *Jesse*/*Panreck*, Populismus und Extremismus. Terminologische Abgrenzung – das Beispiel der AfD, ZPol 2017, 59 ff.; außerdem *Leggewie*, Europa zuerst! Eine Unabhängigkeitserklärung (2017 – i.E.), Kapitel 1 und *Wildt*, Volk, Volksgemeinschaft, AfD (2017).

eine aufkeimende Verbotsdebatte).[240] Das offizielle Programm der AfD ist unverfänglich, aber die Bedeutung dieses Dokuments wird ja relativiert: Es soll auf die „wirklichen Ziele", „nicht die vorgegebenen" ankommen; außerdem braucht sich eine Partei nicht „offen" zu ihren verfassungswidrigen Zielen zu bekennen.[241]

Daher liegt es nahe, auf Äußerungen führender Funktionäre zurückgreifen. Nehmen wir nur den Flügel der Partei, dessen „völkisches Denken" durch Björn Höcke repräsentiert wird (in Thüringen immerhin Parteivorsitzender und Chef der Landtagsfraktion). Analog zur Bewertung der „Volksgemeinschaft" der NPD lässt sich sagen, dass auch entsprechend exklusive Konzepte der AfD gegen Gleichheit und Menschenwürde verstoßen. Hinzu kommt die Polemik Höckes gegen das Holocaustmahnmal in Berlin.[242] Kritik an der Vergangenheitsbewältigung ist natürlich erlaubt; doch fällt es nicht schwer, von dieser auf einen zumindest latenten Antisemitismus zu schließen (zweifellos ein weiterer Konflikt mit der Menschenwürde). Solange Höcke Parteimitglied ist, können der AfD seine Aussagen zugerechnet werden.

Auch auf Bundesebene finden sich „verbotsrelevante" Äußerungen. Zum Beispiel eine allgemeine „asylfeindliche Agitation"[243] oder gar eine missverständliche Aussage zum „Schusswaffeneinsatz" gegen Flüchtlinge: Daraus und aus anderen passenden Zitaten Ressentiments und Hass gegen Fremde zu destillieren, ja einen verbalen Angriff auf deren Würde abzuleiten, bietet sich an. Wir sagen nicht, dass eine solche Interpretation zwingend wäre, aber sie dürfte als vertretbar gelten. Umstritten wird sein, ob die fdGO-widrigen Ziele schon als „Grundtendenz" der Partei einzuordnen sind. Jedenfalls genügt das friedlich-legale Werben für solche Ziele als Verbotsgrund.[244] Da die AfD solche Inhalte systematisch in die Öffentlichkeit bringt, haben wir es auch mit einem „planvollen Handeln" im Sinne einer „qualifizierten Vorbereitung" zu tun. Damit überschreitet sie die Grenze vom bloßen verfassungswidrigen „Bekennen" zum „Bekämpfen" der fdGO.[245] Und dass die AfD ganz im Rahmen der Rechtsordnung agiert („Legalitätstaktik"!), schützt sie nicht vor einem Verbot.

Aber würde sie auch das neu kreierte Tatbestandsmerkmal „Potentialität" erfüllen? Den Bestrebungen der Partei eine vage Erfolgsmöglichkeit (nicht Wahrscheinlichkeit) zu bescheinigen, ist angesichts ihrer „bürgerliche[n] Verankerung" und relativen Stärke im parlamentarischen Raum kein Problem (zumal demnächst mit einer größeren Bun-

---

240 Vgl. das Interview von Leggewie/Meier mit dem Präsidenten des Landesamtes für Verfassungsschutz Thüringen, Stephan Kramer: „Wir sind keine Gedankenpolizei", Frankfurter Rundschau (FR) vom 19. 2. 2016.

241 Vgl. Rn. 559.

242 Wobei freilich der Umgang mit den anstößigen Zitaten z. T. nicht sorgfältig ist; zum „Denkmal der Schande" vgl. nur Frankfurter Allgemeine Zeitung (FAZ) online vom 18. 1. 2017.

243 Rn. 871.

244 Vgl. Rn. 578 f.

245 Vgl. Rn. 576 f und 574.

destagsfraktion zu rechnen ist).[246] Zwar gilt die AfD derzeit nicht als koalitionsfähig, aber wie schnell sich so etwas ändern kann, zeigt der Umgang mit den Grün-Alternativen in den achtziger Jahren. Ergebnis: „Konkrete Anhaltspunkte von Gewicht" liegen vor; zumindest Teile der AfD gehen nach den Maßstäben des NPD-Urteils „darauf aus", die fdGO wenn nicht zu beseitigen, so doch wenigstens zu beeinträchtigen. Die AfD bewegte sich damit innerhalb beziehungsweise an den Rändern der Verbotszone.

Dass sich indes eine Mehrheit finden würde, gegen diese Partei einen Verbotsantrag zu stellen, ist angesichts ihrer Stärke und machtpolitischen Bedeutung sehr unwahrscheinlich. So hat Stärke, die rechtlich „Potentialität" begründet, politisch zugleich eine Schutzfunktion. Das unterstreicht einmal mehr die Paradoxie einer Verbotsstrategie, die auf den legalen Verbalradikalismus fixiert und damit hilflos bleibt.

Ähnliche ideologische Ausgrenzungsspiele ließen sich natürlich auch gegen die Partei „Die Linke" veranstalten. Man müsste nur den Stellenwert der Kommunistischen Plattform betonen, die zum SED-Staat zurückführenden Wurzeln freilegen und sich im Übrigen etwas Passendes aus dem KPD-Urteil herausbrechen. Es gab da übrigens noch eine andere Verbotskandidatin. Was heute wie ein schlechter Witz klingt, wurde damals allen Ernstes diskutiert: „Sollen die Grünen verboten werden?"[247] Einerlei, ob gegen rechts oder gegen links in Stellung gebracht – das Parteiverbot, auf die geistige Wirkung politischer Propaganda fixiert, bleibt eine deutsche Versuchung: statt irgendein Problem zu lösen, wird es wohl auch in Zukunft vor allem Probleme bereiten.

VII. Über die Reichweite der Parteienfreiheit

Man kann die Sache drehen und wenden, wie man will: *Opposition in Deutschland steht nach wie vor zur Disposition der Mehrheitsparteien.* Wer die antragsberechtigen Organe dominiert, hat es in der Hand, jede Partei, die sich aus der „Zone der gemäßigten Kritik"[248] hinauswagt, vor die Karlsruher fdGO-Wächter zu bringen. „Demokratie (…) ist Diskussion", sagt Hans Kelsen, die permanente Debatte aller über alles. Etwas „schlechthin Unverzichtbares", das „außerhalb jedes Streits" steht, kennt eine demokratisch verfasste Gesellschaft nicht. Der Staat darf keine Aufsicht über die inhaltlichen Grenzen des Meinungskampfes führen und diesen fdGO-konform „regulieren".

Friedlich-legale Parteiaktivitäten als der zu schützende Regelfall

Die Leistungsfähigkeit jeder „restriktiven" Interpretation muss sich daran messen lassen, ob und inwieweit es ihr gelingt, friedlich-legale Aktivitäten aus der Verbotszone herauszuhalten. Wir haben versucht zu zeigen, wie sehr jede Grenze, die auf der rein inhaltlichen Ebene von Zielen gezogen wird, die geistige Wirkung von Meinungen

246 Rn. 923 und 898, 903, 905, 909 („Koalitionsbildung").

247 Vgl. unter diesem Titel die Kritik von *Stöss,* in: Politische Vierteljahresschrift 4/1984 und *Wesel,* Die Grünen als Rechtsfall (Kursbogen), in Kursbuch 74 (1983).

248 *Kirchheimer*, Politische Justiz, S. 78.

sanktioniert. Das ist nichts anderes als Kommunikationsunrecht. Radikale Ziele als verfassungswidrig zu qualifizieren, ist ideologieanfällig und wird stets umstritten sein. Alles kommt darauf an, bloß inhaltlich verfassungswidrige Politik an Elemente von rechtswidrigem „Verhalten" zu binden – und damit eine bis heute nahezu vollständig ausgeblendete Verbotsalternative des Grundgesetzes stark zu machen.

Rechtsbruch und Gewalt markieren eine bestechend klare, rechtsstaatliche Grenzlinie.[249] Hans Kelsen brachte Problem und Lösung 1953 im amerikanischen Exil, bis heute unübertroffen, auf den Begriff:

> „Aber kann Demokratie tolerant bleiben, wenn sie sich gegen anti-demokratische Umtriebe verteidigen muß? Sie kann es! In dem Maße, als sie friedliche Äußerungen anti-demokratischer Anschauungen nicht unterdrückt. Gerade durch solche Toleranz unterscheidet sich Demokratie von Autokratie. (...) Demokratie kann sich nicht dadurch verteidigen, daß sie sich selbst aufgibt. (...) Es mag mitunter schwierig sein, eine klare Grenzlinie zu ziehen zwischen der Verbreitung gewisser Ideen und der Vorbereitung eines revolutionären Umsturzes. Aber von der Möglichkeit, eine solche Grenzlinie zu finden, hängt die Möglichkeit ab, Demokratie aufrecht zu erhalten. Es mag auch sein, daß solche Grenzziehung eine gewisse Gefahr in sich schließt. Aber es ist das Wesen und die Ehre der Demokratie, diese Gefahr auf sich zu nehmen (...)."[250]

Die Gewaltgrenze ist ein rechtsstaatlich bewährtes und politisch neutrales Kriterium, verbotsrelevante von grundrechtsgeschützten Aktivitäten zu unterscheiden. Sie ist daher die zentrale Achse jedes Parteiverbots, das demokratieverträglich sein will. Der Verbotsartikel des Grundgesetzes – eine Fehlkonstruktion, 1949 als vermeintlich zwingende „Lehre aus Weimar" ins Fundament der „freiheitlichen demokratischen Grundordnung" einbetoniert –, bedarf einer restriktiven Korrektur, einer durchgreifenden *Schadensbegrenzung.*

„Grenzmarken der Verfassung"[251]

Was sich bislang in Symbolpolitik erschöpfte, könnte einen bescheidenen praktischen Nutzen haben. Damit das Parteiverbot nicht länger das Instrument eines weithin gesinnungs- und meinungsbezogenen Verfassungsschutzes bleibt, sollte es endlich auf gravierende Fälle zugeschnitten werden: als wirklich eng gefasste Ausnahme einer voll entfalteten Regel, als eine Notlösung, die der „Schutzzweck" tatsächlich „gebietet".[252] Kurz und gut: *Die freiheitssichernden Potentiale einer restriktiven Interpretation müssen voll ausgeschöpft werden.* Ihre vordringlichste Aufgabe ist es, staatliche Eingriffe in den Prozess der politischen Willensbildung auf das unerlässliche Minimum zu reduzieren.

---

249 Zur Gewaltgrenze vgl. *Kirchheimer, Politische Justiz,* S. 255; ausführlich *Leggewie/Meier,* Republikschutz (1995), S. 249 ff. Den Zusammenhang von formal-pluralistischer Demokratietheorie und der Beschränkung auf die Sanktionierung gewaltsamer Mittel erklärt *Ralf Dreier,* Verfassung und „streitbare" Ideologie, in: Leggewie/Meier (Hrsg.), Verbot der NPD?, S. 86 f.

250 *Kelsen, Was ist Gerechtigkeit?* [1953], 2. Aufl. 1975, S. 42.

251 *Perels,* Die Grenzmarken der Verfassung, Kritische Justiz 1977, S. 375 ff.

252 Rn. 571.

Die *Grenzmarken der Verfassung* resümieren wir in diesem Sinne wie folgt:

– Die Freiheit parlamentarischer und außerparlamentarischer Opposition zu verteidigen, heißt, kein Verbot ausschließlich auf die Ausübung von Grundrechten der politischen Kommunikation zu stützen. Um es klar zu sagen: Parteiaktivitäten, die im Schutzbereich der Meinungs- und Versammlungsfreiheit liegen, mögen politisch provozieren, ja gefährlich sein, sie sind rechtlich aber nicht „verbotsrelevant".

– Die „demokratieverkürzende Ausnahmenorm" wird nur dann als wirkliche Ausnahme gefasst, wenn man der Partei eine Tendenz zurechnen kann, ihre verfassungswidrigen Ziele wenigstens teilweise mit illegalen Mitteln zu verfolgen. Das allein sind die „konkreten Anhaltspunkte von Gewicht", auf die es ankommt.

– „Potentialität" signalisiert ein Minimum an Wirklichkeitsbezug, der präventiven Verfassungsschutz vor dem Abgleiten ins Fiktionale bewahrt. Das ist zweifellos notwendig, aber kein Ersatz für eine konkret benennbare Gefahrenlage. Nur das wirkliche Gefahrenpotenzial einer Partei rechtfertigt es, die Freiheit zum Schutz der Freiheit einzuschränken: zur „Abwehr tatsächlicher Bedrohungen".[253]

– Es gibt keine „Potentialität" unterhalb der Fünfprozentmarke. Deshalb scheiden Kleinparteien, die nicht einmal im Bundestag vertreten sind, für ein Verbot von vornherein aus – jedenfalls solange sie friedlich-legal agieren. Erst das Überspringen der Fünfprozenthürde verschafft einer Partei die bescheidene Möglichkeit, auf die bundesweite politische Willensbildung Einfluss zu nehmen.

– Verbotsanträge gegen Kleinparteien, die sich auf allgemein erlaubte Mittel beschränken, sollten vom Verfassungsgericht schon im Vorverfahren als „nicht hinreichend begründet" zurückgewiesen werden. Verbotsprozesse, die offenkundig überflüssig sind, schaden der politischen Kultur: Sie fördern Ausgrenzungsbereitschaft, wo Toleranz und Freiheitsliebe gefragt sind.

– Solange der Wettbewerb der Parteien funktioniert, solange antidemokratische Kräfte an der Wahlurne kleingehalten werden, muss und darf kein Verbot zum Zuge kommen. Die systemgerechte Verteidigung der Demokratie ist einem systemwidrigen Verbot stets vorzuziehen.

– Ein Eingriff gegen friedlich-legale Aktivitäten kommt nur ganz ausnahmsweise, das heißt buchstäblich als „ultima" ratio in Betracht – nämlich dann, wenn eine antidemokratische Partei so stark und dauerhaft im Bundestag vertreten ist, dass sich die konkrete politische Gefahr abzeichnet, sie könnte als Koalitionspartnerin an der Regierung beteiligt werden oder gar allein die Regierungsmacht erlangen.

---

253 *Alter*, Die historische Auslegung des Parteiverbots und das NSDAP-Urteil von 1923, JZ 2015, 297, 300.

Drei Vorschläge zur Verfassungsreform

Derzeit ist, verengt auf die Parteienfinanzierung, eine kleinkarierte Grundgesetzänderung im Gespräch.[254] Wir schlagen vor, das Problem der Eingriffsschwelle anzugehen.

– *Minimalreform:* Das „Oder" zwischen den jetzigen Verbotsalternativen „Ziele" oder „Verhalten" wird durch ein „Und" ersetzt (Klarstellung, dass verfassungswidrige Propaganda allein nicht genügt).[255]

– *Mittelweg:* Restriktive Fassung von Art. 21 II GG. „Parteien, die systematisch und auf strafbare Weise die Regeln des politischen Wettbewerbs verletzen und dadurch die Demokratie gefährden, sind verfassungswidrig."

– *Befreiungsschlag:* Streichung von Art. 21 II (und Art. 9 II) GG, Orientierung am Reichsvereinsgesetz von 1908. „Parteien, deren Zwecke oder Tätigkeit den Strafgesetzen zuwiderlaufen, können aufgelöst werden."

VIII. Vom Betriebsrisiko der Demokratie: Plädoyer für ein konfliktorientiertes Verfassungsverständnis

Im Urteil ist allenthalben von „Gefährdungen" im Vorfeld konkreter Gefahren die Rede – Störer ist stets die „verfassungsfeindliche" Partei. Ein einziges Mal spricht das Gericht in umgekehrter Perspektive von einer „Gefahr", die das Grundgesetz „um der politischen Freiheit willen in Kauf" nimmt.[256] Dieser Aspekt wurde sträflich vernachlässigt. Kein Wunder, dass die Funktion von Dissens kaum zum Tragen kommt.[257] Die demokratische Staatsordnung ist eine Verfassung der Freiheit. Sie ist ohne das *Betriebsrisiko*, das sie freisetzt, ja von dem sie lebt, nicht zu haben. Daher muss jede Sicherheitsstrategie, die dieses System schützen will, stets beide Pole im Blick behalten – und in Betracht ziehen, selbst zu einer Gefahr für die Ordnung der Freiheit zu werden. In diesem Sinne erklärte das Verfassungsgericht im Ramelow-Beschluss, es bestehe die Möglichkeit, dass „die ‚streitbare Demokratie' sich ‚gegen sich selbst' wendet".[258] Deshalb sind Gefahren nicht allein auf eine abstrakte Staatsordnung, sondern zugleich

254 Eine Grundgesetzänderung wurde inzwischen beschlossen, vgl. die Zusammenstellung der Drucksachen, Lesungen und Expertenanhörung vor dem Innenausschus unter www.bundestag.de/dokumente/textarchiv/2017/kw22-pa-innen-parteienfinanzierung/507396; kritisch *Britta Haßelmann/Renate Künast*, Eine Lex NPD schadet der Demokratie, Frankfurter Allgemeine Zeitung (FAZ) vom 22.6.2017.

255 Idee von Volker Neumann, Ziele oder Mittel?, Staatstheater, S. 231, 240 f.

256 Rn. 526 (Entscheidungsmonopol).

257 Vgl. *Cass R. Sunstein*, Why Societies Need Dissent (2003).

258 www.bverfg.de, Ramelow-Beschluss vom 17.9.2013, Rn. 117; NPD-Urteil Rn. 556 („Ausschaltung unliebsamer politischer Konkurrenz"). Zur Missbrauchsgefahr schon das KPD-Urteil BVerfGE 5, 85 = Leitsatz 2, 113 und 141 („im Dienste eifernder Verfolgung unbequemer Oppositionsparteien"); außerdem *Limbach*, vgl. Staatstheater, S. 129.

auf die Freiheit zu beziehen. Daraus ergibt sich, welche Risiken der Demokratie immanent sind und welche ihr Regelwerk zu sprengen drohen.[259]

Ausgehend von der grundlegenden Unterscheidung zwischen system*immanenten* und system*sprengenden* Gefahren lässt sich die Freiheit der Opposition angemessen bestimmen: Friedlich-legale Aktivitäten stehen unter dem Schutz der politischen Grundrechte, davon ausgehende Gefahren sind systemimmanent und um der Freiheit willen in Kauf zu nehmen. Militant-illegale Aktivitäten stellen einen Bruch der demokratischen Spielregeln dar, davon ausgehende Gefahren sind systemsprengend und – unabhängig von ihrem Inhalt – als rechtswidrige Kampfmittel zu sanktionieren.

Politische Einheit im Dissens[260]

Das Prinzip der „streitbaren“ Demokratie samt Parteiverbot ist extrem ideologieanfällig. Der Rechtstheoretiker Ralf Dreier plädiert deshalb für einen besonnenen Umgang mit dem „Radikalenproblem“:

> [Die Konsequenz wäre], „ein verfassungsrechtlich gesichertes Optimum an herrschaftsfreier Diskussion zu fordern, also im Zweifel eben doch für eine formal-pluralistische Demokratie- und Verfassungstheorie und demgemäß für eine restriktive Interpretation des Streitbarkeitsprinzips zu optieren.“[261]

Der Wettbewerb der Parteien, die Debatte öffentlicher Angelegenheiten soll uneingeschränkt, robust und weit offen sein.[262] Dafür brauchen wir ein *konfliktorientiertes Verfassungsverständnis.* Der demokratische Verfassungsstaat ist als eine „riskante Ordnung“ konzipiert.[263] Er dient der persönlichen Entfaltung und der kollektiven Selbstbestimmung. Der Gebrauch der Grundrechte unterliegt – ungeachtet spezifischer Schranken – prinzipiell keinem Gemeinwohlvorbehalt; die Bürger und Bürgerinnen müssen auch nicht verfassungstreu sein:

> „Die Bürger sind (…) frei, grundlegende Wertungen der Verfassung in Frage zu stellen, solange sie dadurch Rechtsgüter anderer nicht gefährden. Die plurale Demokratie des Grundgesetzes vertraut auf die Fähigkeit (…) der Bürger, sich mit Kritik an der Verfassung auseinanderzusetzen…“.[264]

---

259 Dazu *Leggewie/Meier*, Vom Betriebsrisiko der Demokratie. Versuch, die deutsche Extremismusdebatte vom Kopf auf die Füße zu stellen, in Eckhard Jesse (Hrsg.), Wie gefährlich ist Extremismus? (2015), S. 163–196.

260 Vgl. *Preuß*, Revolution, Fortschritt und Verfassung (1990).

261 *Ralf Dreier*, Verfassung und Ideologie, in: ders., Recht-Moral-Ideologie (1981), S. 146ff., 156.

262 In *New York Times v. Sullivan*, 376 US 254, 270 (1964) erklärte der US Supreme Court „a profound national commitment to the principle that debate on public issues should be uninhibited, robust, and wide-open“.

263 *Horst Dreier*, Idee und Gestalt, 459ff.; *Horst Meier*, Einheit im Dissens, in: Neue Gesellschaft/Frankfurter Hefte 4/2017, 65ff.; für eine „Konfliktkultur“ auch *Jesse/Panreck*, Populismus und Extremismus, ZPol 2017, 59, 75.

264 BVerfG (1. Kammer des Ersten Senats), NJW 2001, 2069, 2070; ähnlich BVerfGE 124, 300, 320. – Zur Fehlkonstruktion der Grundrechteverwirkung nach Art. 18, die seit 1949 leerläuft, vgl. *Wittreck*, Dreier-GG-Kom., Bd. 1, 3. Aufl. 2013, Art. 18 Rn. 18 („Unikat“).

Ebendasselbe gilt für aktive Bürger, die sich in Parteien zusammenschließen. Antidemokraten und sonstige Verfassungsgegner müssen nicht auf dem Boden des Grundgesetzes stehen; es genügt, dass sie in seinem Rahmen am offenen Wettbewerb und freien Meinungskampf teilnehmen. Der Verfassungsrechtler Horst Dreier spricht von der *„Integrationskraft des Dissenses"*:

> „Wenn das Bundesverfassungsgericht sagt: ›Die freie Diskussion ist das eigentliche Fundament der freiheitlichen demokratischen Gesellschaft‹", dann deutet es damit an, „dass gerade in der Austragung von Kontroversen ein stabilisierendes und integratives Moment liegen kann."

Im permanenten Streit um ewige Werte und unverrückbaren Wahrheiten wird eine Alternative meist übersehen: das Konfliktmodell der robusten Diskussion.

> „Daher sollte man vielleicht einmal etwas anders nuancieren" und „weniger (…) nach Einheit und Konsens suchen, sondern Uneinigkeit und Dissens selbst zum Ausgangspunkt (seiner) Überlegungen machen. Dahinter steckt die Vermutung, daß der Konflikt, besser vielleicht noch: der nach bestimmten Regeln und in bestimmten Formen ausgetragene Konflikt, einen starken Integrationsfaktor bilden kann."[265]

Alles in allem plädieren wir dafür, den legalen Radikalismus nicht nur notgedrungen zu „tolerieren", sondern als systemimmanent unverzichtbaren Bestandteil einer freien Gesellschaft zu integrieren: Sei es als Symptomträger und Indikator für gesellschaftliche Fehlentwicklungen oder, positiv gewendet und oft unterschätzt, als Innovationspotenzial für gesellschaftliche Reformen. Es ist anmaßend, Oppositionelle auf die „richtige" Gesinnung, auf ein freiheitliches demokratisches Glaubensbekenntnis einzuschwören. Von Opposition, die der Regierung aus der Hand frisst, ist nichts zu erwarten. Mit Opposition, die nicht schlimmer ist als der Verfassungsschutz erlaubt, ist etwas faul. Kurz und gut: Opposition, die nicht entschieden zu weit geht, ist keine.[266]

IX. Das Geheimnis des Glücks und der Freiheit

> „The task of today is to produce airplanes, guns, and battleships. The task of tomorrow is to throw out the half-crazed ruler who threatens to destroy the civilization painfully built up since Marathon. The task of the day after tomorrow is to rebuild that civilization far more solidly than in 1919. It is this task (…) which most requires free flow of discussion. Suppose Hitler is gone, what then? What is to be done with the Germans?"
>
> Zechariah Chafee (1941)[267]

Natürlich geht es bei all dem auch um die Reife und das Selbstbewusstsein der Mehrheitsparteien: Der Umgang mit den „Feinden" der Verfassung verrät viel darüber, wes Geistes Kind ihre Freunde sind. Eine Verfassung, der das gleichsam neurotische „Grundanliegen" zugeschrieben wird, „sich nicht durch den Missbrauch der von ihr

265 *Horst Dreier*, Idee und Gestalt, S. 488.

266 Vgl. *Horst Meier, Über die Parteienfreiheit* (2004), in: ders., Protestfreie Zonen? (2012).

267 Free Speech in the United States (1941/1964), S. 562.

gewährleisteten Freiheitsrechte zur Disposition stellen [zu] lassen"[268], stellt die Freiheit ihrer Gegner zur Disposition – lange bevor es zu einer nennenswerten Belastungsprobe kommt. Es gibt eine Angst vor der Freiheit, mit der sich die Verteidiger der Demokratie auf die schiefe Bahn begeben. Diese „German Angst" lässt sich überwinden, indem nach dem autoritären Paternalismus nun auch der weichgespülte verabschiedet wird: „We must not be afraid to be free."[269] Eine Freiheit, die aus Furcht vor ihrem Verlust vorbeugend gedrosselt wird, büßt ihre Strahlkraft und Vitalität ein. Also gilt es, das „risikoreiche, offene Projekt der Demokratie" weiterzuentwickeln.[270]

Die Mobilisierung von höchster Legitimität gegen „bloße" Legalität ist zutiefst illiberal, weil sie die Grundrechte der politischen Kommunikation unter den Vorbehalt eines okkasionellen Widerrufs stellt. Der deutsche Obrigkeitsstaat ist nicht tot, er hat subtile Nachwirkungen *in* der Demokratie;[271] in einer Demokratie, die nicht auf einer „revolutionären Selbsteroberung" beruht, sondern sich – in den Westzonen – einer Kriegsniederlage der *unconditional surrender* verdankt.[272] Auch wenn später Demokratie praktiziert und verinnerlicht wurde, auch wenn eine friedliche Revolution gegen den SED-Staat obsiegte – es wirkt doch ein feiner Unterschied nach, gerade in Zeiten der Bewährung: selbsterkämpfte Freiheit wird einfach anders gelebt und verteidigt.

> „Those who won our independence (...) believed liberty to be the secret of happiness and courage to be the secret of liberty. (...) Those who won our independence by revolution were not cowards. They did not fear political change."[273]

Es gibt viele Arten, Parteien zu verbieten, die meisten davon bleiben nach dem NPD-Urteil erlaubt; fast alle Hintertüren der Prävention stehen weit offen. Dieses Urteil atmet nicht den Geist der Freiheit, es ist erfüllt von einer mutlosen Apologie des „wehrhaften" Verfassungsstaates. Es kultiviert ein kraftloses Präventionsdenken, das es gut meint mit der deutschen Demokratie, ja das sich geläutert wähnt, das aber allenthalben mehr entgrenzt als rechtsstaatlich einhegt. So wird wohl jeder neue Verbots-

---

268 Rn. 425; ähnlich 517. „Wenn damals die ‚wehrhafte Demokratie' als ‚Grundentscheidung der Verfassung' begriffen wurde, so war dies verständlich. Eine solche Hochschätzung muss aber nicht unbedingt fortgeführt werden", so *Morlok*, Schutz der Verfassung durch Parteiverbot?, in Leggewie/Meier, Verbot der NPD? (2002), S. 79. Zur Kritik der „allgemeinen Mißbrauchsabwehr" vgl. Denninger, Verfassungstreue und Schutz der Verfassung, VVDStRL 37 (1979), 7, 17.

269 US Supreme Court Richter *Hugo Black* (In re Anastaplo, 366 U.S. 82 [1961] – Dissent), vgl. *R. Collins/S. Chaltain*, We Must Not Be Afraid to Be Free. Stories of Free Expression in America. Oxford University Press 2011.

270 *Limbach*, Preface. In: Decisions, Vol. 2/Part I, S. VII („the hazardous, open project of democracy").

271 Vgl. nur *Alff*, Materialien zum Kontinuitätsproblem der deutschen Geschichte (1976).

272 *Fromme*, zit. nach Parteiverbote, S. 259 (a.a.O., S. 386f zur wohl objektiv unmöglichen Selbstbefreiung vom NS). Das KPD-Urteil (BVerfGE 5, 138) spricht von der „nur durch Einwirkung äußerer Gewalten ermöglichten (...) Vernichtung eines totalitären Staatssystems".

273 Whitney v. California 274 U.S. 357 (1927) – Brandeis/Holmes concurring 375, 377 (Verfassungsmäßigkeit des *California Criminal Syndicalism Act*).

antrag die deutsche Malaise nur verlängern. Das wäre wirklich schade. Denn dieses in über siebzig Nachkriegsjahren demokratisch erneuerte Deutschland ist, finden wir, längst stabil und reif genug für einen neuen Schritt ins Freie.

Die angeblich „schärfste" Waffe der Demokratie taugt vorzüglich zu deren „zweischneidiger" Verkürzung.[274] Sie ist der erhobene Zeigefinger einer Verfassungspädagogik, die weniger einer „extremistischen" Randgruppe als vielmehr dem juste milieu der Mehrheit gilt. Die „schärfste" Waffe wird sich aber, fürchten wir, als stumpf erweisen, sollte es auf die Verteidigung der Demokratie jemals wirklich ankommen. Glaubt jemand allen Ernstes, den Gefahren antidemokratischen und gegenaufklärerischen Denkens lasse sich mit einem Organisationsverbot beikommen? Für die Praxis bleibt ein „strukturelle(s) Dilemma":[275] Je mehr ein Verbot sich auf bloße Ziele stützt, desto sinnloser ist es – Ideen lassen sich nicht verbieten. Und während das Verbot kleiner Parteien möglich, aber nicht notwendig ist, so wird das vielleicht notwendige Verbot großer Parteien nicht möglich sein (oder durchsetzbar nur um den Preis einer schweren Beschädigung der doch zu schützenden Demokratie).[276]

„Der Staat wird's schon richten" – in diesem Irrglauben finden Untertanen und Staatsdiener aller Couleur eine gemeinsame etatistische Plattform. Die politischen und sozialpsychologischen Folgen dieser Mentalität sind gar nicht abzusehen. Was sich da seit einigen Jahren zusammenbraut, ist wahrlich besorgniserregend: die Krise der europäischen Idee und das Heraufdräuen des Rechtspopulismus. Dessen Aufstieg ist durchaus aufhaltsam – freilich nur, wenn man seine krausen Ideen und seinen militanten Knechtssinn, seine bösartigen Ressentiments und skrupellosen „alternativen Fakten" in einer offenen, harten Debatte stellt. Und wenn man seiner Mobilisierung der „schweigenden Mehrheit" nicht nur an den Wahlurnen entgegentritt. Wird man also notfalls auf die Straße gehen und die Freiheit verteidigen – oder, einer Landessitte gehorchend, lieber auf behördliche Anweisungen warten oder ein Gericht um Hilfe anflehen? Wird die Berliner Republik ihre erste Bewährungsprobe bestehen?

„Liberty lies in the hearts of men and women", erklärte der US-Richter Learned Hand 1944 vor einer im New Yorker Central Park versammelten Menge: „when it dies there, no constitution, no law, no court can save it; no constitution, no law, no court can even do much to help it."[277] Zum Glück gewinnt auch hierzulande die Einsicht an Boden, dass gegen die Versuchungen der Unfreiheit am besten eine lebendige politische Kultur hilft. Eine strapazierfähige Konfliktbereitschaft, die friedlich-legale Opposition nicht ausgrenzt, sondern – solange wie nur irgend möglich – toleriert und integriert. Kurz und auf gut Deutsch: „Wirksam kann sich die Freiheit nur durch sich selbst schützen."[278]

---

274 Vgl. Einführung *Voßkuhle*, S. 5 sowie Leitsatz 1 und Rn. 405, 586.

275 *Horst Dreier*, Idee und Gestalt, S. 284 Fn. 162.

276 So schon Kirchheimer, Maurer, Hesse u. a., vgl. Staatstheater, S. 197.

277 Vgl. den Eintrag „Learned Hand" der englischen Ausgabe von Wikipedia.

278 *Horst Dreier*, Idee und Gestalt, S. 285.

ANHANG

Endlosschleife NPD-Verbot

Über Parteienfreiheit und „streitbare Demokratie"*

Von Horst Meier

Die Frage, ob die NPD nicht endlich verboten gehöre, reicht – ich stelle das mit Staunen und einer gewissen Ratlosigkeit fest – weit zurück in die Anfänge meiner „Politisierung". Man wählt seine Themen nicht, sie finden einen, sie drängen sich auf. Für den fünfzehnjährigen Schüler, der im Bundestagswahlkampf 1969 zu Willy Brandt in die Stadthalle pilgerte, war die Sache sonnenklar: Eine Partei, die nicht nur antidemokratische Ziele propagiert, sondern auch 28 000 alte und neue Nazis als Mitglieder hat; eine Partei, die nicht nur in sieben Landtagen vertreten ist, sondern auch dem „Ansehen Deutschlands in der Welt" schadet; eine Partei, deren Ordner nicht nur Andersdenkende, „linke Störer", aus dem Saal prügeln, sondern sogar, wie in Kassel geschehen, auf Gegendemonstranten schießen[1] – eine solche Partei gehört schleunigst verboten! Aber daraus wurde nichts. Denn die NPD verpasste mit 4,3 Prozent den Einzug in den Bundestag, Herbert Frahm alias Willy Brandt wurde Kanzler, und um die NPD, die nach und nach aus den westdeutschen Landtagen wieder herausflog, wurde es still.

Mitte der siebziger Jahre, unter den Vorzeichen der innerstaatlichen Feinderklärung gegen links, stritt man verbissen um die Berufsverbotepraxis nach dem „Radikalenerlass". Was macht die Verfassungstreue eines deutschen Beamten aus? Darf eine Lehramtsbewerberin an einer Demonstration gegen „kapitalistische Ausbeutung" teilnehmen? Darf ein Postbeamter Mitglied der 1968 gegründeten Deutschen Kommunistischen Partei (DKP) sein?[2]

---

* Aus: Horst Meier, Verbot der NPD – ein deutsches Staatstheater in zwei Akten. Berliner Wissenschafts-Verlag, Berlin 2015; zuerst in: Merkur 768 (Mai 2013).

1 Am 16. September 1969 schoss der Bundesbeauftragte für den Ordnerdienst der NPD, Klaus Kolley, in Kassel auf Gegendemonstranten, die den Parteivorsitzenden Adolf von Thadden umringt hatten, und verletzte Bernd Lunkewitz (22) und Michael Hoke (19). Kolley wurde am 13. Mai 1970 vom Landgericht Kassel zu einer Freiheitsstrafe von anderthalb Jahren verurteilt; vgl. den Prozessbericht von *Karl-Heinz Krumm*, Der Partei ergeben. In: Zeit vom 1. Mai 1970 sowie den Spiegel-Bericht (Nr. 33, 1970) über den „NPD-Ordnerdienst: Yippieiee, Yippieiooo". Zu Lunkewitz, der später Maoist (KPD/ML), dann Immobilienhändler wurde und 1991 den Aufbau-Verlag kaufte, vgl. *Hans Riebsamen*, Der Abenteurer, FAZ vom 8. Juni 2008.

2 Vgl. *Peter Brückner/Alfred Krovoza*, Staatsfeinde. Innerstaatliche Feinderklärung in der BRD. Berlin: Wagenbach 1972.

So begab sich der Jurastudent auf die Suche nach der vielbeschworenen „freiheitlichen demokratischen Grundordnung" – sprich „fdGO" – und stieß auf reichlich angestaubte Verbotsurteile aus den fünfziger Jahren. Den Doktoranden kostete das Thema einige Jährchen länger als geplant. Es war eine stille, zurückgezogene Zeit, denn die Frage des Parteiverbots erschien Mitte der achtziger Jahre als ferne Verfassungsgeschichte.

So konnte in aller Ruhe die Waffe der Kritik geschärft werden: gegen die vage Formel von der „fdGO" – erstmals definiert im Verbotsurteil gegen die „Sozialistische" sprich „*National*sozialistische Reichspartei" (SRP) von 1952; doch vor allem in Auseinandersetzung mit dem Verbotsurteil gegen die KPD von 1956 – jenem Urteil, in dem auf über dreihundert Seiten der Grundstein für den ideologischen Verfassungsschutz der „streitbaren Demokratie" gelegt wurde.[3]

Ein erstes Anzeichen dafür, dass das Parteiverbot eine Renaissance erleben könnte, war die kurz aufflackernde Diskussion um ein Verbot der „Republikaner", die Anfang 1989 ins West-Berliner Abgeordnetenhaus eingezogen waren.[4] 1993 beantragte die Bundesregierung, in Reaktion auf den mörderischen Brandanschlag von Solingen, ein Verbot der Freiheitlichen Deutschen Arbeiterpartei (obgleich diese neonazistische Sekte nichts damit zu tun hatte); das Bundesverfassungsgericht lehnte den Antrag als unzulässig ab, da es sich bei der Kleinstorganisation FAP, die bundesweit nur einige Hundert Mitglieder hatte, gar nicht um eine Partei handelte.[5]

Als dann im Jahr 2000 – provoziert durch Anschläge, die nicht auf das Konto der NPD gingen –, der „Aufstand der Anständigen" ausgerufen wurde und Bundesregierung, Bundesrat und Bundestag in demonstrativer Eintracht Anträge stellten, fand der Autor am wieder aufgewärmten Parteiverbot keinen rechten Gefallen.[6]

Nun wäre es ja um die NPD nicht schade, aber es geht immerhin um die Parteienfreiheit im Plural. Der Verbotsartikel des Grundgesetzes statuiert eine fragwürdige Rücknahme, er ist ein notständischer Fremdkörper. In altehrwürdigen Demokratien wie England und den Vereinigten Staaten gibt es nichts Vergleichbares, ja dort halten viele eine solche Maßnahme für undemokratisch; in Deutschland hingegen hat man mit der verkürzten Parteienfreiheit ein Problem, doch leider wenig Problembewusstsein.[7] So erscheint es der deutschen Ideologie völlig normal, von politischen Parteien nicht allein legales Verhalten, sondern obendrein eine verfassungstreue Gesinnung zu verlangen.

---

3 Vgl. *Horst Meier*, Parteiverbote und demokratische Republik. Baden-Baden: Nomos 1993.

4 Vgl. *Claus Leggewie*, Die Republikaner. Berlin: Rotbuch 1989; *Horst Meier*, Parteiverbote und demokratische Republik. In: Merkur, Nr. 486, August 1989.

5 BVerfGE 91, 276 (FAP). Es war der erste Verbotsantrag seit 1951 (dem Jahr der Anträge gegen SRP und KPD); vgl. *Claus Leggewie/Horst Meier*, Republikschutz. Reinbek: Rowohlt 1995.

6 Vgl. *Claus Leggewie/Horst Meier* (Hrsg.), Verbot der NPD oder Mit Rechtsradikalen leben? Frankfurt: Suhrkamp 2002.

7 Vgl. *Dieter Grimm*, NPD-Verbot. Die Hürden sind hoch. Interview von Maximilian Steinbeis vom 5. Dezember 2012 unter www.verfassungsblog.de [nachgedruckt in „Staatstheater"]; Über den Umgang mit Parteiverboten. In: Merkur, Nr. 621, Januar 2001.

Dass das erste gegen die NPD angestrengte Verbotsverfahren 2003 in einem „V-Leute-Debakel" endete, ist bekannt; dass es eines war, das es nie hätte geben dürfen, hat sich weniger herumgesprochen.[8] Nun also der nächste Anlauf. Mit dem Vorpreschen des Bundesrats wurde eine Verbotsdynamik beschleunigt, die wohl nicht mehr zu stoppen ist.

Warum eigentlich? Historiker mögen dieses Rätsel der deutschen Innenpolitik eines Tages lösen. Die heutige NPD zählt knapp 6000 Mitglieder, ist in zwei ostdeutschen Landtagen vertreten, bewegt sich bundesweit eher im Promille denn Prozentbereich und taumelt hart am Rande des finanziellen Bankrotts. Welch eine Ironie der Geschichte, dass ihr lange währender Niedergang von einem unaufhaltsamen Aufstieg der Verbotsbegehren begleitet wird. Hier wächst nicht die rechte Gefahr, wohl eher die Sensibilität einer Zivilgesellschaft, die schlecht erzogene Mitbürger einfach nicht aushalten mag: Mit solchen Leuten spricht man nicht, nicht einmal im Parlament!

Wenn heute schon wieder die Frage eines NPD-Verbots angeschnitten wird, kann ich mich eines gewissen Überdrusses nicht erwehren. Hatte ich mir doch fest vorgenommen, beim heiteren Parteienverbieten eine Runde auszusetzen: Dieses Mal bitte ohne mich! Aber mit den ersten einschlägigen Anfragen wuchs die Einsicht, dass es reichlich geschäftsschädigend sei, abseits zu stehen. Was bleibt mir übrig, als den 2009 formulierten Satz bis auf weiteres nicht wörtlich zu nehmen: „Zum Verbot der NPD fällt mir nichts mehr ein."[9]

Endlosschleife, nächste Runde. Der Verbotsantrag des Bundesrats wird für den Frühsommer erwartet. Während völlig ungewiss ist, wie die Sache ausgeht, ist eines klar: Die Probleme beginnen mit der Eröffnung des Verfahrens erst richtig. Wenn die Innenminister glauben, es genüge, einige Spitzel in den Führungsgremien der Partei „abzuschalten", sind sie auf dem Holzweg.

Zunächst sei an einige grundlegende Tatsachen erinnert: Die NPD ist hier und heute weit davon entfernt, die „freiheitliche demokratische Grundordnung" der Bundesrepublik Deutschland „beeinträchtigen" oder gar „beseitigen" zu können. Ihre Gefährlichkeit ist bloße Behauptung. Die Terrorzelle „NSU" handelte nicht als der illegale, bewaffnete Arm der NPD. Und die Unterstützung mutmaßlicher Helfershelfer mit Parteibuch kann der NPD nach allem, was wir heute wissen, nicht zugerechnet werden.[10] Die Ermittlungen des Generalbundesanwalts bestätigen das.

---

8 Vgl. *Horst Meier*, Über die Parteienfreiheit. In: Merkur, Nr. 668, Dezember 2004 [nachgedruckt in „Staatstheater"].

9 Vgl. Endlosdebatte NPD-Verbot? In: Blätter für deutsche und internationale Politik, Nr. 10, 2009 [nachgedruckt in „Staatstheater" unter dem Titel „Zum Verbot der NPD fällt mir nichts mehr ein"].

10 Vgl. das Interview des ehemaligen Präsidenten des Verfassungsgerichts *Hans-Jürgen Papier* in der Welt vom 5. Dezember 2011: „Die Politik läuft in eine unsägliche Falle" [nachgedruckt in „Staatstheater"].

Dem kriminalistischen kontrastiert freilich der sozialpsychologische Befund, dass sich im Unterbewusstsein Vieler das Gefühl eingenistet hat, NPD und NSU steckten irgendwie unter einer Decke. Das verleiht der Verbotsforderung einen Hauch von Plausibilität; die Mordserie eines „Nationalsozialistischen Untergrunds" schreit nach Konsequenzen. Hierin dürfte der wichtigste Unterschied zu allen früheren Verbotsdebatten liegen. Davon abgesehen, fallen gefühlte und wirkliche Gefährlichkeit der NPD auseinander wie eh und je.

Wer vom Parteiverbot spricht, darf über die Parteienfreiheit nicht schweigen. Diese Freiheit, nicht etwa ihre Rücknahme durch ein Verbot, ist die Errungenschaft des Grundgesetzes gegenüber der Tradition des deutschen Obrigkeitsstaats. Jeder Eingriff in die Parteienfreiheit stellt eine Verzerrung des politischen Wettbewerbs dar. Man sollte nicht vergessen, dass die Mehrheitsparteien über die Antragsberechtigung verfügen und leicht der Versuchung erliegen, eine lästige Konkurrenz ausschalten zu lassen. Daher aktualisiert jedes Parteiverbot die Frage nach dem legalen Spielraum von Opposition. Dieser steht auch angesichts „unerträglicher" Parteien nicht einfach zur Disposition. Und das Argument des Steuerzahlers sollten jene, die aus der üppigen staatlichen Finanzierung ganz andere Summen einstreichen, besser nicht strapazieren.

Kurz und gut: Ein Verbot muss einen triftigen Grund haben, das heißt zur Verteidigung von Demokratie und Pluralismus zwingend notwendig sein. Dass diese Selbstverständlichkeit hierzulande nicht geläufig ist, spricht Bände. Diskussionen über fadenscheinige Verbotsanträge verraten mehr über Mentalität und Verfassungsverständnis ihrer Urheber als über die angeklagte Partei.

Artikel 21 Absatz 2 des Grundgesetzes bietet die Möglichkeit, Parteien bereits wegen ihrer verfassungswidrigen „Ziele" zu verbieten.[11] Das Urteil gegen die SRP und vor allem das gegen die KPD war einseitig auf den verfassungswidrigen *Inhalt* von Politik bezogen. Auf messbare Gefahren sollte es in keiner Weise ankommen. Im KPD-Urteil findet sich die ultimativ-präventive Aussage: „Eine Partei kann … auch dann verfassungswidrig sein, wenn nach menschlichem Ermessen keine Aussicht darauf besteht, daß sie ihre verfassungswidrige Absicht in absehbarer Zukunft werde verwirklichen können …; wenn die verfassungsfeindliche Absicht überhaupt nachweisbar ist, braucht nicht abgewartet zu werden".[12] Eine moderne, restriktive Interpretation muss dagegen die zweite Verbotsalternative einbeziehen: das illegale, gewalttätige „Verhalten" der Partei„anhänger", das heißt die *Form* von Politik.[13]

---

11 Artikel 21 II GG von 1949: „Parteien, die nach ihren Zielen oder nach dem Verhalten ihrer Anhänger darauf ausgehen, die freiheitliche demokratische Grundordnung zu beeinträchtigen oder zu beseitigen …, sind verfassungswidrig. Über die Frage der Verfassungswidrigkeit entscheidet das Bundesverfassungsgericht."

12 Vgl. BVerfGE 5, 89 ff., 143 und meine Kritik „Als die Demokratie streiten lernte. Zur Argumentationsstruktur des KPD-Urteils". In: Kritische Justiz, Nr. 4, 1987.

13 Ansätze dazu bei *Martin Morlok*, Art. 21 Abs. 2. In: Horst Dreier (Hrsg.), Grundgesetz-Kommentar. Bd. 2. Tübingen: Mohr 2006 [und in meinem Beitrag für „Staatstheater": „Die ‚verfassungswidrige' Partei als Ernstfall der Demokratie"]; zur aktuellen Diskussion vgl. *Eckart*

Die im Blick auf die angeblich „wehrlose" Weimarer Republik formulierte Lehre von der „streitbaren Demokratie" unterscheidet nicht zwischen anstößiger Agitation und wirklichen Gefahren.[14] Sie stellt – heute nur noch historisch verständlich – ganz auf Prävention ab, verführt zur voreiligen Einschränkung verfassungsmäßiger Rechte und ist damit im Kern illiberal. Dreh- und Angelpunkt einer rationalen Verbotsdebatte muss das Gewaltkriterium sein. Es koppelt den Eingriff in die Parteienfreiheit an konkrete Gefahren und markiert zugleich eine politisch neutrale Grenze des Wettbewerbs um Mandate und Macht. Damit wird nicht etwa einer „selbstmörderischen" Freiheit das Wort geredet, sondern lediglich rekonstruiert, was zum rechtsstaatlichen Grundbestand des bürgerlichen Verfassungsstaats zählt.[15]

Ob Demokratie ihren erklärten Verächtern gegenüber tolerant bleiben könne, wenn sie sich gegen antidemokratische Umtriebe verteidigen muss, fragte der in die USA exilierte Rechtstheoretiker Hans Kelsen. Seine Antwort: „Sie kann es! In dem Maße, als sie friedliche Äußerungen anti-demokratischer Anschauungen nicht unterdrückt … Demokratie kann sich nicht dadurch verteidigen, daß sie sich selbst aufgibt … Es mag mitunter schwierig sein, eine klare Grenzlinie zu ziehen zwischen der Verbreitung gewisser Ideen und der Vorbereitung eines revolutionären Umsturzes. Aber von der Möglichkeit, eine solche Grenzlinie zu finden, hängt die Möglichkeit ab, Demokratie aufrechtzuerhalten. Es mag auch sein, daß solche Grenzziehung eine gewisse Gefahr in sich schließt. Aber es ist das Wesen und die Ehre der Demokratie, diese Gefahr auf sich zu nehmen".[16] Im Normalbetrieb gibt es gegen antidemokratische Parteien nur eine systemgerechte Waffe: den freien politischen Wettbewerb und den Stimmzettel. Eine bundesweit bedeutungslose Miniaturpartei in die Illegalität zu schicken, ist politisch nicht notwendig und juristisch hochriskant.

Wie riskant, macht die haarsträubende Qualität des Belastungsmaterials deutlich. Die Innenminister hatten letztes Jahr, statt ergebnisoffen zu beraten, in erklärter Verbotsabsicht mehr als tausend Seiten von ihren Verfassungsschützern zusammentragen lassen – laut Innenminister Friedrich die „beste Sammlung, die es je gab". Kürzlich behauptete der parlamentarische Geschäftsführer der SPD-Fraktion, Thomas Oppermann, in einer von seiner Partei beantragten Bundestagsdebatte, „noch nie waren die Chancen so gut wie heute". Das Plenum überwies die Sache an den Innenausschuss; er

Klein, Ein neues NPD-Verbotsverfahren? (Baden-Baden: Nomos 2012) und das von Bündnis 90/Die Grünen im Sächsischen Landtag am 19. Juli 2012 veranstaltete rechtspolitische Gespräch „Ein neues NPD-Verbot: möglich, notwendig oder schädlich?" (www.johannes-lichdi.de/uploads/media/Dokumentation_NPD-Verbot.pdf).

14 Vgl. *Christoph Gusy*, Weimar – die wehrlose Republik? Tübingen: Mohr 1991.

15 Zum Topos „Demokratie als Selbstmord", der auf Carl Schmitt zurückgeht, vgl. *Horst Meier*, Kritik des Grundgesetzes. In: *Merkur*, Nr. 607, November 1999 (nachgedruckt in Protestfreie Zonen? Berlin: BWV 2012).

16 Vgl. *Hans Kelsen*, Was ist Gerechtigkeit? (1953) Ditzingen: Reclam 2000; *Matthias Jestaedt/ Oliver Lepsius* (Hrsg.), Hans Kelsen. Verteidigung der Demokratie. Tübingen: Mohr 2006.

soll das dem Parlament vorgelegte Material sichten und dann eine Beschlussempfehlung abgeben.[17]

Es lohnt sich, dieses Material, von dem monatelang nur einzelne Zitate durchsickerten, einmal genauer anzuschauen. Die komplette Sammlung ist im Geheimschutzraum des Bundestages einzusehen. Unlängst ist eine als „Verschlusssache – nur für den Dienstgebrauch“ klassifizierte „Kurzfassung“ öffentlich bekannt geworden.[18] Sie bietet auf 141 Seiten eine „konzentrierte und strukturierte Auswahl“, von der man annehmen darf, dass sie repräsentativ ist. „Diese Belege“, heißt es einleitend, „umfassen Äußerungen von mehr als 400 verschiedenen Funktionsträgern“.

In der mit Zitaten gespickten Sammlung geht es also, wie schon vor zwölf Jahren, vor allem um anstößige Parteipropaganda; sie ist „bei unterschiedlicher Aussagekraft im Einzelnen“ mal belanglos und läppisch, mal abstoßend und bösartig. Einige Kostproben: „Das System hat keine Fehler, es ist der Fehler!“ Oder: „Schließen [wir] die Einfallstore für muslimische Bombenleger, kriminelle Zigeunerbanden und Sozialschmarotzer aus aller Welt!“ Oder: „wenn wir selbstbestimmt sagen, Europa ist das Land der weißen Rasse und es soll es auch bleiben, dann haben wir auch ein Recht darauf, das notfalls mit militärischer Gewalt sicherzustellen.“[19]

Bei alledem geht es um das, worauf sich unsere Verfassungsschützer seit jeher verstehen: um „Bestrebungen gegen die freiheitliche demokratische Grundordnung“ (8). Die unkörperlichen Delikte heißen: „Gegnerschaft zum bestehenden demokratischen System“, latenter Antisemitismus, zum Beispiel „überzeichnete Kritik“ am „Schurkenstaat Israel“, „Rassismus, Islam-, Ausländer- und Menschenfeindlichkeit“, „Bekenntnis/Nähe zum historischen Nationalsozialismus“, „Leugnung der deutschen Kriegsschuld“ und „Relativierung der nationalsozialistischen Gewaltverbrechen“.

Erwähnt wird auch ein Holzkohlegrill, der auf dem Gelände eines „Thing-Hauses“ gesichtet wurde und die eingestanzte Inschrift „Happy Holocaust“ trägt – allerdings mit dem Hinweis, solch offen formulierte Verunglimpfung von Juden sei „die Ausnahme und als solche im Hinblick auf die Gesamtpartei kaum verallgemeinerungsfähig“ (25).

---

17 Vgl. Erkenntnisse der Verfassungsschutzbehörden von Bund und Ländern zur Verfassungswidrigkeit der „Nationaldemokratischen Partei Deutschlands“. Bundestagsdebatte vom 1. Februar 2013 (Deutscher Bundestag, Plenarprotokoll, 220. Sitzung, S. 27 358 – 27 378). [Der Bundestag votierte am 25. April 2013 mit der Mehrheit von Union und FDP gegen einen eigenen Verbotsantrag.]

18 Vgl. Bericht der Bund-Länder-Arbeitsgruppe zur Prüfung der Erfolgsaussichten eines neuen NPD-Verbotsverfahrens (Stand: 09. 11. 2012). Diese Kurzfassung wurde zuerst unter dem 18. Februar 2013 auf der Homepage des linksalternativen Netzwerks „Indymedia“ veröffentlicht; kurz darauf stellte auch die NPD das Material ins Netz. Das Bundesinnenministerium erstattete Strafanzeige wegen Geheimnisverrats gegen Unbekannt; die NPD kam dem Verlangen nach, das Material von ihrer Homepage zu nehmen. Unter https://linksunten.indymedia.org/node/79185 steht es nach wie vor zum Download bereit.

19 Zitiert nach Bundestag-Plenar-Protokoll, S. 27 377; Bericht, S. 28; 31.

Das Ganze wirkt, als habe man aus mehreren Jahrgängen des Verfassungsschutzberichts das Übliche über die NPD zusammengeschustert. Endlich, nach mehr als fünfzig Seiten, im langen Abschnitt „aktiv-kämpferische, aggressive Grundhaltung", ist man auf so etwas wie Militanz gefasst. Doch hier kehren nur die bereits präsentierten Zitate und Ziele der Partei wieder – in Gestalt legaler politischer Aktivitäten: „Teilnahme an Wahlen", „strategische Konzepte" wie „Kampf um die Köpfe, die Straße und die Parlamente", „‚Graswurzelpolitik' mit dem Ziel des schleichenden Infiltrierens der Gesellschaft": zum Beispiel „bürgernahe Agitation", „Spielnachmittage" und „Kinderfeste", „Fußballvereine unterwandern", „Bildung von Bürgerwehren" und „Anwendung der ‚Wortergreifungsstrategie'"; außerdem „Schulung kommunaler Mandatsträger", „Selbstverteidigungs- und Kampfsporttechniken", „jugendorientierte Agitation", etwa mit Schulhof-CDs (54 ff.).

Daraus ziehen die Verfasser der Materialsammlung den Schluss: „Durch ein gezieltes Vorgehen auf verschiedensten Wegen will die NPD planvoll und kontinuierlich die freiheitliche demokratische Grundordnung unterwandern" (64). Ein solches Denken bewegt sich auf dem Niveau des KPD-Verbotsurteils von 1956, demzufolge sich die „aktiv kämpferische, aggressive Haltung" einer Partei schon in Reden führender Funktionäre manifestieren kann.

Ganze sechs von 141 Seiten sind Straftaten von NPD-Mitgliedern gewidmet. Eine der Straftaten betrifft die Beleidigung eines Ausländerbeauftragten, der als „CDU-Quotenneger" geschmäht wurde; fünf andere Tatkomplexe betreffen teils schwere Körperverletzungen – darunter eine Massenschlägerei unter Fußballfans, an der drei NPD-Mitglieder beteiligt waren (103 ff.). Auch wenn solche Straftaten im konkreten Einzelfall durchaus erheblich sind, belegen sie nicht die illegale Gesamttendenz einer Partei.

Dafür wirft ein Abschnitt, der auf über zehn Seiten die „Einstellung zur Gewalt" abhandelt, der NPD eine „sprachliche Militanz" vor, die die „Stunde der Abrechnung" herbeifantasiert, da man die „Herrschenden hinwegfegt" oder sich in Parolen erschöpft wie „Tod dem roten Mob!" (92 ff.). Im Übrigen rügt man die parteioffizielle Ablehnung von Gewalt als „formelhaft" und „zumindest ambivalent" (97). Auch die Ablehnung der Mordtaten des NSU wird als unglaubwürdig eingestuft: „Die NPD ... gibt vor, Gewalt als Mittel zur Durchsetzung politischer Ziele abzulehnen und das Gewaltmonopol des Staates anzuerkennen" (99). So verwundert es denn nicht, dass in der Materialsammlung auf zweieinhalb Seiten „NPD-Bezüge im Zusammenhang mit den Ermittlungen zum NSU" aufgeführt werden (101 – 103).

Immerhin sitzt mit Ralf Wohlleben ein ehemaliger NPD-Funktionär in Untersuchungshaft, der sich demnächst vor Gericht wegen Beihilfe zum Mord verantworten muss. Er soll dem NSU die Tatwaffe besorgt haben – ein schwerwiegender Verdacht. Aber das entscheidende Problem, ob das Verhalten eines Einzelnen der Partei zugerechnet werden kann, wird gar nicht diskutiert.

Vor diesem Hintergrund wird verständlich, warum Verbotsbefürworter, anstatt präzise zu argumentieren, lieber in Vagheiten ausweichen und von „geistiger Brandstiftung" sprechen oder der NPD vorwerfen, sie sei „in Teilen gewaltbereit" und bereite den „geistigen Nährboden", aus dem letztlich die Mordtaten anderer erwachsen.

Vergleicht man die aktuelle Materialsammlung mit den Verbotsanträgen des Jahres 2001, so fällt auf, dass sie ganz nach der altbekannten, auf Zitate fixierten Machart gestrickt wurde. Es fehlen nur die damals durch V-Leute kolportierten Sprüche aus den Hinterzimmern der Partei, wo man schon mal die Sau rauslässt und die „Rückführung" von Ausländern, wenn nötig „mit der Pistole am Kopf", postuliert.[20]

Dass die NPD eine antidemokratische Partei ist, die in ihrer Propaganda schrille fremdenfeindliche Töne anschlägt und auch antisemitische Ressentiments erkennen lässt; eine Partei, die Elemente nationalsozialistischer Ideologie mit sich schleppt und personelle wie aktionsbezogene Berührungspunkte mit der neonazistischen Kameradschaftsszene aufweist – all dies ist längst bekannt.

Alles in allem zeugt die Sammlung der Innenminister von einer enormen bürokratischen Fleißarbeit, deren Ergebnisse äußerst dürftig und sattsam bekannt sind: Das präsentierte Belastungsmaterial ist ohne Gewicht und Beweiskraft. Im Laufe stundenlanger Lektüre erschließt sich der tiefere Sinn einer „Verschlusssache", die „nur für den Dienstgebrauch" bestimmt ist. Außerhalb des Dienstes ist sie in der Tat nicht zu gebrauchen.

Eine Verbotspolitik ohne Augenmaß läuft Gefahr, spätestens vor dem Europäischen Gerichtshof zu scheitern.[21] Ungeachtet dessen behaupten die Verfasser der Materialsammlung, ausgerechnet in Sachen Parteiverbot spiele das auch dem deutschen Verfassungsrecht geläufige Prinzip der Verhältnismäßigkeit keinerlei Rolle – „zumal das Bundesverfassungsgericht [im KPD-Verbotsurteil] ausdrücklich hervorgehoben hat, dass eine konkrete Gefahr … gerade keine Voraussetzung für ein Verbot … darstellt" (110 f.).

Diese Rechtsprechung ist mehr als ein halbes Jahrhundert alt. Nach heutigem Verfassungsverständnis ist es schlicht indiskutabel, eine Partei nach abstrakt-ideologischen Maßstäben, das heißt rein präventiv wegen ihrer verfassungswidrigen Ziele zu verbieten. Heute gilt: Kein Eingriff in die Parteienfreiheit ohne konkrete Gefahr. Unmittelbar auf die fragwürdige Anrufung des KPD-Urteils folgt der Satz, der einer politischen Erleuchtung gleichkommt: „Die Tatsache, dass die Partei letztlich unbedeutend ist, geringe Wahlerfolge und [wenige] Mitglieder hat und in zunehmender Geldnot lebt, ist dennoch bei der Entscheidung über einen Verbotsantrag zu berücksichtigen, allerdings nicht unter dem rechtlichen Gesichtspunkt der Verhältnismäßigkeit, sondern bei der Ausübung des politischen Ermessens" (111).

---

20 Vgl. *Horst Meier*, „Ob eine konkrete Gefahr besteht, ist belanglos". Kritik der Verbotsanträge gegen die NPD. In: Leviathan, Nr. 4, 2001 [gekürzte Fassung nachgedruckt in „Staatstheater"].

21 Vgl. *Şeyda Emek*, Parteiverbote und Europäische Menschenrechtskonvention. München: Utz 2007.

Zu spät! Jetzt nimmt ein jahrelang herbeigeredetes, also selbstverschuldetes Verfahren seinen Lauf. Ob es aber am Ende für ein Verbotsurteil reichen wird, einen Sack voll anstößiger Zitate vor den Toren des Verfassungsgerichts auszuschütten, ist mehr als fraglich. Wer hofft, damit eine qualifizierte Mehrheit von Richtern beeindrucken zu können, muss sich auf eine herbe Enttäuschung gefasst machen. Es wäre nicht das erste Mal, dass schlecht durchdachte Politik, die einen „symbolischen" Mehrwert einstreichen will, in einer juristischen Sackgasse endet.

Wer es gut meint mit diesem demokratischen Staat, wird ihn nicht sehenden Auges in ein abwegiges Verbotsverfahren treiben. Zum Glück gibt es Mittel und Wege gegen Verbotsanträge, die missbräuchlich sind, etwa weil sie „im Dienste eifernder Verfolgung unbequemer Oppositionsparteien" stehen (so das Gericht im KPD-Urteil) oder sich in politischer Symbolik erschöpfen.

Gegen solche Anträge kennt das Gesetz über das Bundesverfassungsgericht ein probates Mittel: die kursorische Prüfung der Begründetheit im Vorverfahren. Es heißt dort nämlich, das Gericht gebe der Partei die Möglichkeit, Stellung zu nehmen, und beschließt dann, „ob der Antrag als unzulässig oder als nicht hinreichend begründet zurückzuweisen oder ob die Verhandlung durchzuführen ist."

Anders gesagt: Nicht über schlechthin jeden Verbotsantrag muss das Gericht verhandeln. Und weil zudem für „jede" Entscheidung zum Nachteil der betreffenden Partei eine Zweidrittelmehrheit erforderlich ist, müsste ein Antrag der NPD, den Prozess gar nicht erst durchzuführen, von mindestens sechs der acht Senatsmitglieder zurückgewiesen werden.

Verfassungsrichterinnen und -richter, die sich nicht für politische Signale einspannen lassen und einen aufwendigen Prozess über das sinnlose Verbot einer Miniaturpartei vermeiden wollen, könnten so argumentieren: Der Antrag ist „nicht hinreichend begründet". Denn selbst wenn man die V-Leute-Problematik beiseite lässt und unterstellt, die behaupteten verfassungswidrigen Ziele der NPD könnten in vollem Umfang bewiesen werden, hat der Verbotsantrag keine Aussicht auf Erfolg. Ein Parteiverbot kommt nur dann in Betracht, wenn die betreffende Partei eine halbwegs konkrete Gefahr für die Demokratie darstellt. Eine solche kann aber nicht allein aus anstößigen, „aggressiv kämpferisch" vorgetragenen Zielen abgeleitet werden.

Unbeachtlich sind jedenfalls Ziele, die hier und heute nicht einmal in Ansätzen verwirklicht werden können – was bei einer Partei, die bundesweit unter fünf Prozent liegt und sich legaler Mittel bedient, unwiderleglich feststeht. Eine solche Partei ist – ungeachtet vollmundiger Parolen – konstitutionell unfähig, die freiheitliche demokratische Grundordnung zu beeinträchtigen.

Es ist nicht gerade wahrscheinlich, aber immerhin denkbar, dass sich eine Sperrminorität von drei Richtern findet, die Augenmaß und Courage genug haben, die prozessuale Notbremse zu ziehen. Auch der Einstellungsbeschluss des Jahres 2003 trägt „nur" drei Unterschriften.

„Die deutsche Frage ist die Frage nach den Hemmnissen der liberalen Demokratie in Deutschland", schrieb Ralf Dahrendorf 1965 in *Gesellschaft und Demokratie in Deutschland.* Zu diesen Hemmnissen zählt das Parteiverbot des Grundgesetzes – vor allem aber der Umgang damit –, was in diesen Tagen einmal mehr deutlich wird.

Kommt das NPD-Verbot – oder kommt es nicht?*

Besprechung von:

Horst Meier, Verbot der NPD – ein deutsches Staatstheater in zwei Akten. Analysen und Kritik 2001–2014 (mit Gastbeiträgen u. a. von Hans Magnus Enzensberger, Eckhard Jesse, Wolfgang Kraushaar und Claus Leggewie sowie einem Gespräch mit Bernhard Schlink), Berliner Wissenschafts-Verlag Berlin 2015, 398 Seiten, brosch., 69 Euro. ISBN 978-3-8305-3472-3.

Hendrik Wassermann, Berlin

Soll die NPD verboten werden? Über diese Frage streitet die Republik seit Jahrzehnten. Seit Dezember 2013 prüft das Bundesverfassungsgericht ein erneutes NPD-Verbotsverfahren, das erste wurde 2003 aufgrund von Verfahrensfehlern eingestellt. Neben der rechtspolitischen Frage nach den tatsächlichen Erfolgsaussichten eines Verfahrens vor dem Bundesverfassungsgericht stellt sich politisch die Frage, was ein Parteiverbot eigentlich bringen kann.

Der Jurist und Publizist Horst Meier hat in seinem „Lesebuch" *Verbot der NPD – ein deutsches Staatstheater in zwei Akten. Analysen und Kritik 2001–2014* eine Sammlung von Beiträgen veröffentlicht, in denen ein Parteiverbot politisch und juristisch hinterfragt wird. Allen Abhandlungen – neben Veröffentlichungen Meiers finden sich in dem Lesebuch Beiträge von 18 weiteren Autoren (auch wenn diese, wie im Falle Enzensbergers, nur 1,5 Seiten umfassen) – ist gemein, dass sie in hohem Maße skeptisch sind, was ein Parteiverbotsverfahren angeht – mit Ausnahme Wolfgang Kraushaars, der über die 1969 gefallenen „Schüsse von Kassel" referiert, sich einer expliziten politischen Wertung aber enthält.

Meier, das sei eingangs gesagt, gehört zu den entschiedensten Kritikern eines Verbotes der NPD, ist aber meilenweit von irgendeiner Art von Sympathie für diese Partei entfernt. Im Gegenteil hat der Verfasser, wie er im Vorwort einräumt, seit dem Radikalenerlass Mitte der 1970er Jahre ein gespanntes Verhältnis zur fdGO, der freiheitlichen demokratischen Grundordnung. Seit dieser Zeit lässt ihn die streitbare Demokratie nicht mehr los, setzt er sich „farbenblind" für Rede- und Versammlungsfreiheit und das Recht auf Opposition ein – wovon naturgemäß, wir Deutsche wissen das am besten, zunächst Randgruppen profitieren. Diese Grunddisposition durchzieht auch

* Zuerst in: RuP 2016, 60 f.

dieses Buch: „In Deutschland, wo man lange genug den ‚Kampf gegen links' führte, ist der ‚gegen rechts' wirklich eine schöne Abwechslung und gewiss auch ehrbar – von der Linkspartei bis zur CSU; aber er bewegt sich doch im Gravitationsfeld des autoritären, vormundschaftlichen Staates" (S. 9).

Die Beiträge im 1. und 2. Akt des Staatstheaters „NPD-Verbot" stammen weit überwiegend aus der Feder Meiers. 2003 würdigte der Jurist *Horst Meier* die Einstellung als „Befreiungsschlag": Ist ein Verbotsprozess „geheimdienstlich hoch kontaminiert, wird ein faires, rechtsstaatliches Verfahren unmöglich" (S. 79). Der Citoyen *Horst Meier* sah in dem Beschluss, „dass die deutsche Demokratie – aber auch hiesige Minderheiten! – die Existenz dieser „unerträglichen" Partei gut aushalten können" („Über die Parteienfreiheit" (S. 84)) und fragte: „Darf man dem ‚Kampf gegen rechts' ausgerechnet in Deutschland in den Rücken fallen?" Seine Antwort: „Man muss es, wenn die Regierenden demokratische Prinzipien zur Disposition stellen, nur um eine symbolische Politik zu betreiben, die unter Sicherheitsaspekten nutzlos ist" (S. 47). Hier outet sich *Meier* als Radikaldemokrat, der *Willy Brandts* Regierungserklärung von 1969 „Wir stehen nicht am Ende unserer Demokratie, wir fangen erst richtig an" ernst genommen hat und den autoritären, vormundschaftlichen Staat (zu Recht) vehement ablehnt. Es gilt, für die Demokratie einzutreten und sie zu schützen, auch vor bloßem Aktionismus, dem unsere event-orientierte Politik immer mehr anhängt, auch vor einem Aufstand der Anständigen, wenn er „mainstreamgesättigt" daherkommt.

Dasselbe Muster zieht sich durch den 2. Akt: Zusammen mit *Leggewie* schreibt er 2012 für die FAZ den Aufsatz „Wer vom Parteiverbot spricht, darf über die Freiheit nicht schweigen", beide würdigen 2013 in der FR das Beweismaterial im 2. Verfahren als „Belastungsmaterial ohne Gewicht und Beweiskraft".

Im Staatstheater NPD-Verbot ist es nach dem 2. Akt Zeit für die Zugaben, in dem u. a. *Günter Bertram* über seine Beobachtungen als Strafrichter („Geplauder über „politische Justiz") berichtet und *Eckhard Jesse* auf „Beobachtungen aus 5 Jahrzehnten" zurückgreift und liberal urteilt: Im Hinblick auf die NPD sei das „Nicht-Verbot" das Gebot (S. 259): „Was rechtlich möglich ist, muss nicht politisch nötig sein. Vielmehr erweist mancher – autoritär gesinnte Befürworter eines Verbots der streibaren Demokratie einen Bärendienst" (S. 266). Dies sieht *Meier* genauso, wenn er formuliert: „Ein Verbot, der denkbar schwerste Eingriff…muss zur Verteidigung der Demokratie wenigstens objektiv notwendig sein." Und: „Die gegenwärtige ‚Feinderklärung gegen rechts' ist deshalb so verlockend und gefährlich, weil sie von sympathischen Leuten aus lauteren Beweggründen und noch dazu für eine gute Sache vertreten wird. Um wirklich belastbare Maßstäbe zu bekommen, braucht man nur die Gegenprobe zu machen. Und sich fragen, ob man jene, die man für ein Verbot der NPD akzeptiert, auch für das Verbot einer linken Partei gelten ließe" (S. 22).

Das hier vorzustellende Buch wurde auch in der taz rezensiert. Im Rahmen einer Pressekonferenz in der Amadeu Antonio Stiftung am 29. 04. 2015 in Berlin erläuterte *Horst Meier* seine Thesen u. a. mit *Volker Beck*, innenpolitischer Sprecher der Bundestagsfraktion von Bündnis 90/Die Grünen, und *Anetta Kahane*, Vorsitzende der

Amadeu Antonio Stiftung. Beide, *Beck* und *Kahane*, stehen einer Verbotspolitik kritisch gegenüber. „Was die NPD macht, geht auch gleichermaßen von anderen Gruppierungen aus", so *Beck.* Menschenfeindliche Einstellungen fänden ebenso bei Pegida, HoGeSa, der AfD und sogar in der Mitte der Gesellschaft Verbreitung. Es sei wichtig, diese Einstellungen an der Wurzel zu bekämpfen. Ein NPD-Verbot ändere daran nichts. Außerdem verdränge die Verbotspolitik andere zielführende Maßnahmen gegen Rechtsextremismus und Gruppenbezogene Menschenfeindlichkeit. Zusätzlich verwies *Beck* auf die Rechtsprechung des Europäischen Gerichtshofs für Menschenrechte (EGMR), in der die Voraussetzungen für Parteienverbote wesentlich strenger seien als in der Bundesrepublik. *Kahane* kam zu einer ähnlichen politischen Bewertung wie *Meier:* „Es muss eine gesellschaftliche Debatte und eine politische Auseinandersetzung geben", forderte sie. Ein NPD-Verbot würde nichts an rechtsextremen Einstellungen, und der Gewaltbereitschaft durch Neonazis ändern.

Es scheint, dass Meiers Differenziertheit viele Verbündete hat.

Literaturauswahl

(Für weitere Hinweise vgl. H. Meier, „Staatstheater“, S. 376–393.)

Abendroth, Wolfgang / Ridder, Helmut / Schönfeld, Otto (Hrsg.), KPD-Verbot oder Mit Kommunisten leben? (1968).

Ackermann, Ulrike, Eros der Freiheit. Plädoyer für eine radikale Aufklärung (2008).

Alter, Maximilian, Das Parteiverbot: Weltanschauungsvorsorge oder Gefahrenabwehr?, AöR 140 (2015), S. 571 ff.

Beevor, Antony, D-Day (2010).

Bollinger, Lee / Stone, Geoffrey (Hrsg.), Eternally Vigilant. Free Speech in the Modern Era (2002).

Bostridge, Ian, Schubert's Winter Journey. Anatomy of an Obsession (2015).

Brugger, Winfried, Meinungsfreiheit im Recht der Vereinigten Staaten, in: ders., Studien zum Verfassungsrecht der USA (2002).

Daase, Christopher / Deitelhoff, Nicole, Opposition und Dissidenz in der Weltgesellschaft, in: Chr. Daase u. a. (Hrsg.), Herrschaft in den Internationalen Beziehungen (2017), S. 121 ff.

Denninger, Erhard (Hrsg.), Freiheitliche demokratische Grundordnung, Bd. I und II (1977).

Döring, Uta, „National befreite Zonen“. Zur Entstehung und Karriere eines Kampfbegriffs. In: A. Klärner / M. Kohlstruck (Hrsg.), Moderner Rechtsextremismus (2006).

Dreier, Horst, Idee und Gestalt des freiheitlichen Verfassungsstaates (2014) – darin:

– Grenzen demokratischer Freiheit im Verfassungsstaat.
– Der freiheitliche Verfassungsstaat als riskante Ordnung.

Dreier, Horst, Staatsrecht in Demokratie und Diktatur (2016) – darin:

– Die drei gängigsten Irrtümer über die Weimarer Reichsverfassung.

Dreier, Ralf, Verfassung und Ideologie. Bemerkungen zum Radikalenproblem, in: ders., Recht – Moral – Ideologie (1981), S. 146 ff.

Dreier, Ralf / Schwegmann, Friedrich (Hrsg.), Probleme der Verfassungsinterpretation. Dokumentation einer Kontroverse (1976).

Eggebrecht, Axel (Hrsg.), Die zornigen alten Männer. Gedanken über Deutschland seit 1945 (1982).

Emek, Şeyda, Parteiverbote und Europäische Menschenrechtskonvention (2007).

Emek, Şeyda, Die Europäisierung des Parteiverbots – dargelegt am NPD-Urteil des Bundesverfassungsgerichts, Recht und Politik 2017, 174 ff.

Emek, Şeyda / Meier, Horst, Über die Zukunft des Parteiverbots, Recht und Politik 2013, S. 74 ff.

Enzensberger, Hans Magnus (Hrsg.), Freisprüche. Revolutionäre vor Gericht (1973).

Enzensberger, Hans Magnus, Hammerstein oder Der Eigensinn. Eine deutsche Geschichte (2008).

Franzmann, Simon T., Opposition und Staat, in: S. Bukow u. a. (Hrsg.), Parteien in Staat und Gesellschaft (2016), S. 51 ff.

Garton Ash, Timothy, Redefreiheit. Prinzipien für eine vernetzte Welt (2016).

Greenhouse, Linda, The U.S. Supreme Court. A Very Short Introduction (2012).

Grimm, Dieter, Politikdistanz als Voraussetzung von Politikkontrolle. In: ders., Die Verfassung und die Politik (2001).

Grimm, Dieter, „Ich bin ein Freund der Verfassung". Gespräch mit Oliver Lepsius, Christian Waldhoff und Matthias Roßbach (2017).

Gusy, Christoph, Weimar – die wehrlose Republik? (1991).

Gusy, Christoph, Verfassungswidrig, aber nicht verboten!, NJW 2017, S. 601 ff.

Hare, Ivan / Weinstein, James (Hrsg.), Extreme Speech and Democracy (2009).

Jesse, Eckhard, Der liberale Rechtsstaat hat gesiegt. Kein Verbot der rechtsextremistischen NPD, Politikum 2017, S. 72 ff.

Jesse, Eckhard / Panreck, Isabelle-Christine, Populismus und Extremismus. Terminologische Abgrenzung – das Beispiel der AfD, Zeitschrift für Politikwissenschaft 2017, S. 59 ff.

Kelsen, Hans, Verteidigung der Demokratie. Aufsätze zur Demokratietheorie, hrsg. von Matthias Jestaedt und Oliver Lepsius (2006) – darin:

- Vom Wesen und Wert der Demokratie.
- Verteidigung der Demokratie.

Kelsen, Hans, Was ist Gerechtigkeit? [1953], 2. Aufl. 1975.

Kirchheimer, Otto, Politische Justiz (1961).

Klärner, Andreas, Zwischen Militanz und Bürgerlichkeit. Selbstverständnis und Praxis der extremen Rechten (2008).

Koopmans, Ruud, Deutschland und der Rechtsextremismus. Wie der Blick in die Vergangenheit zur Verblendung im Heute führt. In: J. Kleuters / E. Poettgens (Hrsg.), Deutschland im Wandel (Nijmegen 2001).

Leggewie, Claus, Europa zuerst! Eine Unabhängigkeitserklärung (2017).

Leggewie, Claus / Meier, Horst, Republikschutz. Maßstäbe für die Verteidigung der Demokratie (1995).

Leggewie, Claus / Meier, Horst (Hrsg.), Verbot der NPD oder Mit Rechtsradikalen leben? (2002) – darin:

- Ralf Dreier, Verfassung und „streitbare" Ideologie.
- Dieter Grimm, Über den Umgang mit Parteiverboten.
- Claus Leggewie, Nationalpopulisten auf dem Vormarsch oder: Der wirkliche Druck von rechts.
- Horst Meier, „Ob eine konkrete Gefahr besteht, ist belanglos". Kritik der [drei] Verbotsanträge gegen die NPD (ungekürzt in Leviathan 2001, 439 ff.).
- Martin Morlok, Schutz der Verfassung durch Parteiverbot?
- Volker Neumann, Feinderklärung gegen rechts?
- Ulrich K. Preuß, Die empfindsame Demokratie.

Leggewie, Claus / Meier, Horst, Nach dem Verfassungsschutz. Plädoyer für eine neue Sicherheitsarchitektur der Berliner Republik. (2012).

Leggewie, Claus / Meier, Horst, Wer vom Parteiverbot spricht, darf über die Freiheit nicht schweigen, FAZ 13.12. 2012.

Leggewie, Claus / Meier, Horst, Vom Betriebsrisiko der Demokratie. Versuch, die deutsche Extremismusdebatte vom Kopf auf die Füße zu stellen. In: Eckhard Jesse (Hrsg.), Wie gefährlich ist Extremismus?, Sonderband der Zeitschrift für Politikwissenschaft (2015), S. 163 ff.

Lichdi, Johannes, Zur Einführung: Die Argumentationslinien des NPD-Verbotsverfahrens (1. März 2016), Dossier der Böll-Stiftung, www.boell.de/de/2016/03/01/zur-einfuehrung-die-argumentationslinien-des-npd-verbotsverfahrens.

Lichdi, Johannes (Hrsg. im Auftrag der Heinrich-Böll-Stiftung und der Amadeu-Antonio-Stiftung), Darf die NPD wegen Taten parteiloser Nazis verboten werden? (2016). Als Download verfügbar: www.boell.de/de/2016/03/01/darf-die-npd-wegen-taten-parteiloser-neonazis-verboten-werden – darin:

- Dierk Borstel, Thesen zur Entwicklung der demokratischen Kultur und des Rechtsextremismus in Ostvorpommern.
- Michael Nattke, Die Krawalle in Heidenau, Freital und Dresden.
- Sebastian Striegel, Zur Verantwortung der NPD für die rassistische Mobilisierung in Tröglitz.

Lichdi, Johannes, Zur Abschaffung der Chancengleichheit der Parteien, Recht und Politik 4/2017 (i.E.).

Lichdi, Johannes / Meier, Horst, Der Anfang vom Ende, taz 30. 3. 2015.

Lichdi, Johannes / Meier, Horst, NPD-Prozess: unvermeidlich, aber nutzlos, taz 10.12. 2015.

Lichdi, Johannes / Meier, Horst, Besorgnis der Befangenheit?, taz 19.1. 2016.

Limbach, Jutta (Hrsg.), Das Bundesverfassungsgericht. Geschichte – Aufgabe – Rechtsprechung (2000).

Meier, Horst, Als die Demokratie streiten lernte. Zur Argumentationsstruktur des KPD-Urteils, Kritische Justiz 1987, S. 460 ff.

Meier, Horst, Parteiverbote und demokratische Republik. Zur Interpretation und Kritik von Art. 21 II GG (1993).

Meier, Horst, „Ob eine konkrete Gefahr besteht, ist belanglos". Kritik der [drei] Verbotsanträge gegen die NPD, Leviathan 2001, S. 439–468.

Meier, Horst, Protestfreie Zonen? [44] Variationen über Bürgerrechte und Politik (2012) – darin:

- Verfassungsschutz in flagranti [Reportage vom „Erörterungstermin" am 8. Oktober 2002 im ersten Verbotsverfahren].
- Über die Parteienfreiheit.
- „Mehr Diskussion, nicht erzwungenes Schweigen". Über die Redefreiheit in den USA.
- Sonderrecht gegen Neonazis? [Kritik des Wunsiedelbeschlusses des BVerfG].
- Grundrechtsterror (von Sebastian Cobler).

Meier, Horst, Verbot der NPD – ein deutsches Staatstheater in zwei Akten. Analysen und Kritik 2001–2014 (2015) – darin:

- Günter Bertram, Geplauder über „politische Justiz".
- Hans Magnus Enzensberger, Vom *Common Sense.*
- Dieter Grimm, NPD-Verbot: Die Hürden sind hoch (Interview von Maximilian Steinbeis).
- Eckhard Jesse, Verbieten oder Nichtverbieten? Zeitgenössische Beobachtungen aus fünf Jahrzehnten.
- Wolfgang Kraushaar, Die Schüsse von Kassel (16. September 1969).
- Claus Leggewie, Rechtsradikalismus zwischen Partei und Bewegung.
- Johannes Lichdi, Sächsische Szenen.

- Horst Meier, Die „verfassungswidrige" Partei als Ernstfall der Demokratie. Kritik des abermaligen Verbotsantrags sowie Skizze für eine restriktive Interpretation.
- Volker Neumann, Ziele oder Mittel? Eine Erinnerung an den Streit über Parteiverbote in der Endphase von Weimar.
- Peter Niesen, Verbote politischer Parteien in Europa – drei Paradigmen.
- Ufuk Olgun, NPD-Verbot? Nein danke! Brief aus Oxford.
- Bernhard Schlink, Mit Rechts leben (Gespräch mit Horst Meier).

Meier, Horst, „Streitbare" oder liberale Demokratie? Wie man in Deutschland und den USA mit „nichtgewalttätigen Extremisten" umgeht [zur Studie von Gereon Flümann], Recht und Politik 2015, S. 193 ff.

Meier, Horst, Kritik der „Potentialität", Merkur 819 (August 2017).

Mill, John Stuart, On Liberty/ Über die Freiheit (2009).

Miller, Russell A., How to Kill an Idea: An American's Observations on the NPD Party-Ban Proceedings, Verfassungsblog 13.1. 2017.

Möllers, Christoph, Demokratie – Zumutungen und Versprechen (2008).

Möllers, Martin H.W. / van Ooyen, Robert Chr., Parteiverbotsverfahren. Mit Gastbeiträgen von Hans Peter Bull und Christoph Gusy (2013).

Montaigne, Michel de, Essais. Lüthy-Ausgabe (1985).

Morlok, Martin, Art. 21, Grundgesetz-Kommentar, hrsg. von Horst Dreier, Bd. 2, 3. Aufl. 2015.

Mudde, Cas, Liberal democracy: the do's and don'ts of banning political extremism, openDemocracy online, 11.8. 2014.

Müller, Peter [u. a. über das NPD-Urteil] im Interview mit Maximilian Steinbeis, Verfassungsblog 24.2.2017.

Müller, Reinhard, Für die Freiheit, FAZ 18.1. 2017.

Perels, Joachim, Die Grenzmarken der Verfassung, Kritische Justiz 1977, S. 375 ff.

Preuß, Ulrich K., Legalität – Loyalität – Legitimität, Leviathan 1977, S. 450 ff.

Preuß, Ulrich K., Notstand und Parteienverbot – Über die Geltungsbedingungen der „Normalverfassung", Kritische Justiz 1999, S. 263 ff.

Ridder, Helmut, „Streitbare Demokratie"? (1957), nachgedruckt in ders., Gesammelte Schriften, hrsg. von D. Deiseroth / H. Derleder / F.W. Steinmeier (2010), S. 540 ff.

Rigoll, Dominik, Staatsschutz in Westdeutschland. Von der Entnazifizierung zur Extremistenabwehr (2014).

Sacksofsky, Ute, Wellen der Empörung – das Bundesverfassungsgericht und die Politik, Merkur 783 (August 2014).

Scheel, Kurt, Stolz und Freiheit des Bürgers. Wilhelm von Humboldts „Ideen zu einem Versuch, die Grenzen der Wirksamkeit des Staats zu bestimmen". In: Karl Heinz Bohrer / ders. (Hrsg.), Die Grenzen der Wirksamkeit des Staats. Über Freiheit und Paternalismus, Merkur 736/737 (Sept./Okt. 2010).

Seifert, Jürgen, Haus oder Forum. Wertsystem oder offene Verfassung? In: Jürgen Habermas (Hrsg.), Stichworte zur „Geistigen Situation der Zeit", Bd. 1 (1979).

Stöss, Richard, Sollen die Grünen verboten werden?, Politische Vierteljahresschrift 1984, S. 403 ff.

Sunstein, Cass R., Why Societies Need Dissent (2003).

Wassermann, Rudolf, Zur Besorgnis der Befangenheit bei Richtern des Bundesverfassungsgerichts. In: Willy Brandt u. a. (Hrsg.), Festschrift für Helmut Simon (1987).

Wildt, Michael, Volk, Volksgemeinschaft, AfD (2017).

AUTOREN DIESES HEFTES

Leggewie, Claus, geb. 1950 in Wanne-Eickel, Prof. Dr., Politologe, Direktor des Kulturwissenschaftlichen Instituts (KWI) Essen. Zahlreiche Veröffentlichungen, in Kürze erscheint: „Europa zuerst! Eine Unabhängigkeitserklärung" (2017). Zu Werk und Debatten vgl. „Kultur im Konflikt. Claus Leggewie revisited", hrsg. von Christoph Bieber, Benjamin Drechsel und Anne-Katrin Lang (2010). Die Autobiographie „Politische Zeiten. Beobachtungen von der Seitenlinie" erschien 2015.

Lichdi, Johannes, geb. 1964 in Heilbronn, lebt seit 1992 in Dresden und ist seit 2000 Rechtsanwalt. 2004 bis 2014 war er Rechtspolitiker der GRÜNEN-Fraktion im Sächsischen Landtag und gab 2015 für die Böll-Stiftung Sachsen den Band „Digitale Schwellen – Privatheit und Freiheit in der digitalisierten Welt" heraus. Seit 2012 begleitet er das NPD-Verbotsverfahren kritisch und veröffentlichte dazu in der „tageszeitung", der „Freien Presse", „zeit-online" und „Endstation-rechts". 2016 besorgte er die Artikelsammlung „Darf die NPD wegen Taten parteiloser Nazis verboten werden?" (Böll), die im NPD-Urteil des Bundesverfassungsgerichts zitiert wird. Sein Blog: http://lichdi.blog.datenkollektiv.net/.

Meier, Horst, geb. 1954 in Oberkaufungen (bei Kassel), Dr. jur., zunächst Strafverteidiger, seit 1992 freier Autor (www.horst-meier-autor.de). Zuletzt erschienen die Tagungsbände „Rechtsradikale unter dem Schutz der Versammlungsfreiheit und Direkte Demokratie im Grundgesetz?" (Mithrsg./2010); 2012 das Plädoyer „Nach dem Verfassungsschutz" (Mitautor) und der Essayband „Protestfreie Zonen? Variationen über Bürgerrechte & Politik; 2015 das Lesebuch Verbot der NPD – ein deutsches Staatstheater in zwei Akten". Erkundet zur Zeit ein deutsch-amerikanisches Spannungsfeld: „Meinungsfreiheit und Freedom of Speech".